インタラクティブな英語リーディングの指導

Interactive Reading Instruction

伊東治己 著

研究社

はしがき

　これまでの自分自身の教育実践と研究活動の中で，外国語教育に関する様々な問題に取り組んできましたが，この間，継続的にどうすれば正確に英語が読めるようになるのか，学習者が正確に英語を読めるようになるためにはどのような手助けが必要なのか，試行錯誤を続けてきました。大学の教員になってからもその意識は持ち続け，授業や研究を続けるうちに，英語リーディング指導を改善していくための自分なりの考えが徐々に固まってきました。今回，その考えを本の形にまとめることができました。

　インタラクションを基軸とした英語リーディング指導 (Interactive Reading Instruction) が本書のメイン・テーマです。四技能のうち，リーディングは最も研究され，最も実践されてきた技能だと言えます。すでに議論は出尽くした感も無きにしもあらずですが，日本の英語学習者のリーディング能力そのものについては，TOEFL など国際的な標準テストでの日本人受験者の成績や，自分が日々大学で接している学生諸君の英語読解力から判断して，依然改善の余地が多々残されています。まだまだ議論する余地はありそうです。

　本書の特徴は，インタラクション（相互作用）を基軸に，英語リーディング指導の在り方を問い直している点にあります。どちらかと言えば，問題提起的な性格を有しており，必ずしも日々の授業で接している学習者の英語リーディング力を改善するための即効的な指導テクニックを組織的に示したものではありません。それを期待されて本書を購入された読者にはご期待にお応えすることができないかもしれません。ご容赦願います。本書は，日々の英語リーディング指導を改善していくための方向性を示すことを主なねらいとしており，先生方のアクション・リサーチを側面から支援する性格を有していると思います。具体的には，日本人英語学習者が英語リーディングに成功するために教師が考慮すべき 3 つのインタラクション，つまり学習者内・テキスト内・教室内でのインタラクションに注目します。

本書の本体は，3つの章（第1章〜第3章）で構成されています。どの章から読み始めていただいても結構です。ご興味のある章だけ読んでいただいても構いません。各章の頁数が示しているように，3つのインタラクションのうち，3番目の教室内でのインタラクションに主眼が置かれています。本書全体を通じて，なるべく具体的な教材例を付して議論したつもりですが，長年この問題を自分なりに問い続けてきましたので，具体例として取り上げた教材のなかにはすでに絶版になるなどして，現在容易に入手することが難しいものも含まれています。その点はご容赦ください。

　本書のテーマであるインタラクションを基軸とした英語リーディング指導は，大学院の授業や現場の先生方を対象とした各種の研修会等で取り扱ってきた内容です。授業を履修した大学院生や研修会でのワークショップに参加された現職の先生方から貴重なフィードバックをたくさんいただき，少しずつその中身を改善することができました。この場をお借りして，心から感謝の念を表したいと思います。

　最後に，本書の出版に際しては，研究社出版部の津田正氏より並々ならぬご支援をいただきました。執筆の最終段階で予定外の目の手術のために入院し，作業をしばらく中断しなければならず，締め切りに間に合うかどうかやきもきされたことと思いますが，最後まで辛抱強く期限ぎりぎりまで待っていただきました。改めてお礼申し上げます。お陰様で長年の宿題を完成することができました。

2016（平成28）年3月

伊　東　治　己

目　次

はしがき ……………………………………………………………………… iii

序章　英語リーディングにつまずくのはどうして ……… 1
1. 正確な英語リーディングを阻害している要因 …………………… 1
　（1）日本語の枠組みへの依存 ……………………………………… 1
　（2）根拠のない予測 ………………………………………………… 3
　（3）貧弱な意味的ネットワーク …………………………………… 4
　（4）狭すぎる理解域 ………………………………………………… 7
　（5）節レベル・文レベルでの理解で満足 ……………………… 10
　（6）考えることの放棄 …………………………………………… 11
2. 効果的な英語リーディング指導にむけて ……………………… 12
　（1）インタラクションを軸とした指導のすすめ ……………… 12
　（2）リーディング指導で考慮すべき3つのインタラクション ……… 14

第1章　学習者内でのインタラクション
　　　　──トップダウン的読みとボトムアップ的読み ……… 17
1. L2リーディング観の変遷 ………………………………………… 17
　（1）ボトムアップ重視の時代 …………………………………… 17
　（2）トップダウン重視の時代 …………………………………… 19
　（3）トップダウン偏重への疑問 ………………………………… 20
　（4）トップダウンとボトムアップのインタラクションへ …… 21
2. L2リーディングとはどんな技能か ……………………………… 23
　（1）流暢なリーディングの特質 ………………………………… 23
　（2）流暢なリーディングを支えるサブ技能 …………………… 26
3. L2リーディング指導の進め方 …………………………………… 29

（1）　リーディングの目的に対応したリーディング ……………… 30
　　（2）　テキストの種類に対応したリーディング …………………… 30
　　（3）　学習段階に対応したリーディング …………………………… 31
　　（4）　学習目的に対応したリーディング …………………………… 32
　　（5）　L1 で培ったリーディング能力の活用 ……………………… 33
　4．まとめ ……………………………………………………………… 35

第2章　テキスト内でのインタラクション
──テキスト理解の基礎　39

　1．文構造と談話構造 ………………………………………………… 39
　　（1）　テキストとは …………………………………………………… 39
　　（2）　パラグラフの内部構造に注目 ………………………………… 40
　2．文レベルでのインタラクション ………………………………… 42
　　（1）　語彙的リーディングの弊害 …………………………………… 42
　　（2）　リーディングにおける文型理解の重要性 …………………… 42
　　（3）　言語本質論との関連性 ………………………………………… 45
　　（4）　リーディングに必要な構文理解を妨げるもの ……………… 47
　　（5）　センテンス・マッピングの効用 ……………………………… 61
　　（6）　語順と情報構造 ………………………………………………… 62
　3．談話レベルでのインタラクション ……………………………… 68
　　（1）　Cohesion と coherence ……………………………………… 68
　　（2）　結束性（cohesion）の類型 …………………………………… 70
　　（3）　文と文の意味的な繋がり方の類型と談話標識 ……………… 73
　　（4）　談話レベルの意味的関係性 …………………………………… 79
　　（5）　テキスト・マッピング ………………………………………… 82
　4．まとめ ……………………………………………………………… 86

第3章　教室内でのインタラクション
──アクティブ・リーディングのすすめ　93

　1．音読を媒介とした他技能とのインタラクション ……………… 93

	(1)	音読の役割	94
	(2)	音読指導に求められる多様性	97
	(3)	音読支援プリントの作成	99
	(4)	「なりきり音読」のすすめ	103
2.	発話を媒介とした教材・学習者・教師間のインタラクション	108
	(1)	発問は教室内インタラクションの触媒	108
	(2)	リーディング指導における発問の役割	109
	(3)	発問に求められる多様性	111
	(4)	多様な発問を生み出すための視点	112
	(5)	英語での発問作りのコツ	120
	(6)	「なりきり音読」から「なりきりQ&A」へ	121
	(7)	「なりきりインタビュー・テスト」でActive Reading	125
	(8)	発問を起点としたブレイン・ストーミングで教材理解を深化	127
3.	和訳を媒介とした英語と日本語のインタラクション	133
	(1)	「授業は英語で」	133
	(2)	外国語教育における母語の使用	134
	(3)	和訳と翻訳	139
	(4)	和訳の意義	141
	(5)	正確な和訳を行うためには	146
	(6)	基本訳から全体訳へ	147
	(7)	和訳とリーディング指導	152
4.	英字新聞記事を媒介とした世界とのインタラクション	156
	(1)	英字新聞と英語学習	156
	(2)	なぜ英字新聞記事を活用するのか	157
	(3)	Newspaper Quizの作成指針	160
	(4)	Newspaper Quizの作成方法	162
	(5)	Newspaper Quizの実施方法	163
	(6)	Newspaper Quizの教育的利点：クイズ形式からくる利点	166
	(7)	Newspaper Quizの教育的利点：実施方法からくる利点	169
	(8)	学習者の反応	170
	(9)	英語を通しての文化としての英字新聞記事	172
5.	ま と め	174

終章　英語リーディング指導のこれから ……………… **179**
　1．リーディングの再評価 …………………………………… 179
　2．リーディング能力改善の必要性 ………………………… 180
　3．リーディング能力改善の方向性 ………………………… 181

引用文献 ……………………………………… 185
索　　引 ……………………………………… 194

序章
英語リーディングにつまずくのはどうして

1. 正確な英語リーディングを阻害している要因

　よく日本の英語学習者は，英語は読めるけど，話せない，書けないと言われます。しかし，最近のTOEFLでの日本人受験者のスコアーや，中学校・高校・大学と40年ちかく英語を教えて来た自身の経験に照らし合わせても，思ったより日本の英語学習者が英語を正確に読めていないのも事実です。なるほど，大学進学を目指す多くの高校生が受験する大学入試センター試験でのリーディング分野の問題ではある程度の点数が取れているようですが，4つの選択肢の中から1つの正解を選ぶ力は，必ずしも英文を正確に理解する読解力と整合しているとは言えないようです。

　中学校・高校で教鞭を執った後，30代半ばで大学教員になって以来，英語科教育に関する専門の授業に加えて，いわゆる教養英語（一般英語）の授業を担当してきました。その授業での期末試験や和訳の課題を評価する中で，学生の誤訳をこつこつ収集してきました。その経験から日本人英語学習者による正確な英語リーディングを阻害していると思われる要因をいくつか抽出してみました。

(1) 日本語の枠組みへの依存

　大学1年生を対象とした教養英語の授業の期末試験で和訳の問題を出したところ，次のような迷訳に出会いました。

　英文：I surely know for an average Japanese person a trip to Europe is

very special.
　迷訳：僕はヨーロッパに特別な旅行をした日本人を知っています。

日本語の文としては何も問題はない解答です。ただ，問題の英文の内容とはまったく違った内容になっています。このような迷訳に至った理由としては，次の図が示すようなことが容易に想定されます。

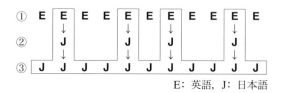

E: 英語，J: 日本語

① 与えられた英文の中で，たまたま知っている複数の単語（主に内容語）に注目した。
② そのたまたま知っている複数の英単語を日本語に置き換えた。
③ それらの日本語の単語をもとに，母語（日本語）の習得で培われてきた文構成能力を頼りに，表現されていない部分を補いながら，それらしい日本語文を作成した。

具体的には，以下のようなプロセスを経たと思われます。

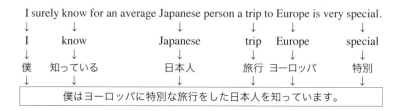

この学習者は，たまたま I, know, Japanese, trip, Europe, special という英単語を知っていたわけです。その英単語をそれぞれ日本語に置換します。すると，「僕」「知っている」「日本人」「旅行」「ヨーロッパ」「特別」という日本語の単語のリストが脳の中に形成されます。この単語リストを手がかりに，「僕はヨーロッパに特別な旅行をした日本人を知っています」

という日本語文を作り上げます。実に創造的な作業です。できあがった日本文が，それなりに意味をなせば，英文理解の作業はそこで一応の終わりとなります。

しかし，「たまたま知っている」という理由で最初に着目した英単語が必ずしも文法的に，かつ内容的に大切な英単語ではないこともあります。その結果として，往々にしてもとの英文の内容とはまったく違った内容を示す日本文ができあがってしまうのです。英文を理解する作業において，日本語の枠組みに依存してしまったために生じる迷訳です。

(2) 根拠のない予測

次章で詳しく取り上げることになりますが，しばしば読むことは "psycholinguistic guessing game" つまり「心理言語的推測ゲーム」(Goodman, 1967, p. 127) であると言われます。このことばはそもそも第一言語としての英語でのリーディングに関して言われたことですが，日本の英語教育のコンテクストに移しても，その精神は堅持され，「英語のリーディングにおいて未習語に出くわすことは当然。そのため，未習語に出くわすとすぐに辞書でその意味を調べるのではなく，なるべく前後の文脈から推測することが望ましい」と勧められます。すぐ上で取り扱った迷訳においては，まさにこのような推測が行われています。

ただ，問題は，その推測が何らかの根拠に基づいているかと言えば，必ずしもそうとは言えないところです。強いて言えば，次の図が示しているように，置換された日本語の語彙に関して，それらの間のコロケーションに基づく推測はなされていますが，英語に関する限り，根拠のない推測が行われていると言わざるを得ません。

| 僕 | 知っている | 日本人 | 旅行 | ヨーロッパ | 特別 |

↓

これらの日本語の単語のコロケーションに基づく推測

↓

「僕はヨーロッパに特別な旅行をした日本人を知っている」

以上のように，根拠のない推測がいかに健全な英文理解を妨げるか理解していただけたと思います。英文を正確に理解するためには，個々の英単語の語義だけでなく，それらの単語が組み込まれている英文の基本構造に基づく推測が必要です。その意味で，思いつきに基づく「推測」(guessing)と根拠に基づく「推論」(inferencing)を明確に区別する必要があると思います。正確な英文理解にとって必要なのは間違いなく後者です。

(3) 貧弱な意味的ネットワーク

日本人英語学習者の多くが正確な英語リーディングに到達できない理由として，彼らの中に「1つの単語＝1つの意味」という等式ができあがっており，個々の単語が有する意味的ネットワーク (semantic network) が非常に限定されている点も指摘できます。たとえば，

① interest ＝ 関心　　② medicine ＝ 薬
③ nature ＝ 自然　　④ practice ＝ 練習
⑤ respect ＝ 尊敬　　⑥ state ＝ 州

という一対一の等式ができあがっており，文脈によってはそれぞれが①利子，②医学，③性格，④習慣，⑤観点，⑥国家の意味で解釈されなければならないことに思いが及ばない場合が多々あるようです。たとえば，次に示すのは大学の授業で遭遇した respect を含む英文とその迷訳です。

英文： The brain of a man also differs in important respects from that of a woman.
迷訳： 男性の脳も女性の脳の重要な尊重という点で異なる。

この場合，respect に「観点」という意味があることもうすうす理解されているようですが，やはり「respect＝尊敬」の等式から完全には抜け出せずにいることが理解できます。同じように，state という英単語は，the United States of America というコロケーションでよく使われるため，学習者の中で自然に「state＝州」という等式が確定されてしまいます。その結果，文

化変容を促す要因を列挙した次のような英語に遭遇した場合，誤った解釈をしてしまいます。

> 英文： cultural calamity, such as a war, or the collapse of a state, or new economic and political realities
> 迷訳： 戦争や州の崩壊のような文化的苦難や新しい経済的，政治的現実

当然，この場合の state は「国家」を指しますが，この学習者はいまだ「state＝州」という呪縛から解き放たれていません。
　このような一対一の等式は，名詞だけでなく動詞や形容詞の場合にも形成されます。次の英文は，日本人女性が米国のプロフットボールチームのチアリーダーの一員になったことを報じる内容となっていますが，その中の made の訳に注目してください。

> 英文： Mita became the first Japanese cheerleader for a National Football League team when she made the Dallas Cowboys squad in 1998, mastering English as much out of necessity as desire.
> 迷訳： 三田はその願いに必要なだけの英語をマスターし，1998 年にダラスカウボーイのチームを作った時，日本人で初めての NFL チームのチアリーダーとなった。

この迷訳を生み出した学生の頭の中には「make＝作る」という等式が確立してしまっているため，上記のような誤訳に至ったと考えられます。まさか，make に「苦労して〜になる」という意味が備わっているとは思いもつかなかったようです。しかし，「苦労して〜になる」という意味での make は，比較的よく使われる表現で，以前，相撲部屋に入ったばかりの外国人力士がインタビューに答えて，"I won't quit before I make a Yokozuna." と答えていたのを思い出します。
　このような迷訳が生まれる原因の 1 つは，実は中学校用英語教科書の中にあります。現在発行されている中学校用英語教科書では，いずれの場合も巻末に単語リストが掲載されています。これは長年の慣習で，かなり以前の中学校用英語教科書から採用されています。その単語リストにおいて

は，多くの場合，1つの単語に1つの意味しか示されていません。仮に多義的な単語（例：take）であっても，その文脈で最もふさわしい意味（日本語訳）が併記されています。その結果，予習の段階で本文の意味を把握しようとする場合に，この単語リストがあれば，わざわざ辞書で未習語の意味を確かめる必要はありません。むしろ，辞書を引けば，1つの単語に複数の語義が列記されているので，かえって予習が難しくなってしまいます。教科書巻末の単語リストのほうがありがたいのです。このようにして，いつしか「1つの単語＝1つの意味」という等式ができあがってしまうのです。この等式は，当然のことながら，英単語が持つ意味的ネットワークを狭めてしまいます。

もう1つ例を出しましょう。get, have, take のような基本動詞は，その性格上，極めて多義的です。たとえば，take を例に取ると，LDCE (*Longman Dictionary of Contemporary English*) には23通りもの語義が掲載されています。はたして，平均的な日本人英語学習者がそのうちのどれだけの語義をすでに自分のものにしているでしょうか。大学の英語科教育法の授業で以下の take の英文を提示し，訳させてみました。

(a) The army took the city.
(b) He took first prize in the speech contest.
(c) The job takes time.
(d) The desk takes much space.
(e) She takes every opportunity to improve her English.
(f) Take this medicine three times a day.
(g) Take the news calmly.
(h) I took him to be a Chinese.
(i) The room can't take more than 4 people.

将来英語教師を目指している大学生でも，必ずしもすべてを正確に理解することはできません。特に (h) が難関のようです。「中国語で彼に話しかけた」は論外としても，「彼を中国人のところに連れて行った」という誤訳が出てきます。take の意味的ネットワークが貧弱なため，took が mistook と同義であることが思い浮かばないのです。

（4） 狭すぎる理解域

　ここで言う理解域（comprehension span）とは，速読の研究や指導でよく言及される eye span（あるいは reading span）とは異なります。*Longman Dictionary of Language Teaching and Applied Linguistics*（Richards, Platt & Platt, 1992）では，eye span は，"the amount of printed text that a person can perceive within a single fixation pause, usually described as being between seven and ten letter space" つまり「1 回の注視の中で人が知覚できる印刷されたテキスト[1]の長さで，通常 7 文字から 10 文字の範囲」と定義されています。眼球が制止した時点で視界に入っている英文の範囲を指します。速読の指導ではこの eye span を広げることも重要な鍵になるとは思いますが，eye span がある程度物理的に測定できるのとは異なり，理解域は絶対的なものではありません。読み手の英語力，題材の理解しやすさ，構文の複雑さ，未知語の数等によってその幅は変化します。いわゆる構文上の区切りを示すセンス・グループとも違います。その幅は英文の構造によって決められるのではなく，読み手によって決められます。1 つのセンス・グループが理解域になる場合もあれば，複数のセンス・グループが集まって 1 つの理解域を形成する場合もあります。英文を読んでいる最中に変化する場合もあります。ある部分がよく理解できなかった場合，当面未確定なままにしておいて（これが苦手な英語学習者が多くいますが），次に続く英文も視野に入れて再度理解しようとします。すると，未確定な部分の内容が見えてくる場合があります。それでもまだ意味不明な場合には，さらに次に続く英文も視野に入れることになります。基本的に理解域が大きくなればなるほど，正確な理解が約束されることになります。たとえば，次に示すのは *The Japan News*（読売新聞，2015 年 7 月 28 日版）の社説の中の一文です。

例： The government, for that matter, plans to submit a bill to revise the Child Care and Family Care Leave Law to the ordinary Diet session next year, after working out specifics.

submit（提出する）という動詞に遭遇すると，この動詞に馴染みのある読者はすぐに submit A to B という構文を脳裏に浮かべます。しかし，この場

合，submit a bill to revise となっており，to の後に名詞・名詞句ではなく動詞の原形が続いています。その瞬間，当初の予測を変更して読み進めて行く必要があります。to revise で始まる後置修飾がどこで終わるか，submit A to B を脳裏に置きながら先を読み進めます。そして，to the ordinary Diet session にたどり着いてようやく（つまりここまで理解域を広げて），submit [a bill to revise the Child Care and Family Care Leave Law] to [the ordinary Diet session] という具合に，最初に想定した構文に合致する関係性にたどり着き，文意を正確に把握することになります。

　一般に，英語の学習を始めたばかりの学習者の理解域は非常に狭くなっています。単語または語句レベルで，英文全体が理解域に入ってくるのは，短い英文の場合です。さて，英語学力が上がってくるにつれて，理解域も徐々に長くなってきます。英語力と理解域の関係を次のように考えてみてはどうでしょうか。

① 入門：木の葉しか見えない
② 初級：木が見えてくる
③ 中級：林が見えてくる
④ 上級：風景が見えてくる
⑤ プロ：生活が見えてくる

最初のうちは，木の葉しか見えません。英文を構成している単語に着目し，単語の意味だけで文意を読み取ろうとします（入門）。やがて英語の力がつくと，木全体が見えてきます。つまり，文単位で理解できるようになります（初級）。さらに学習が進めば，木立が集まった林が見えてきます。複数の英文で構成されるパラグラフの意味が掴めるようになります（中級）。そして，さらに上達すると，林だけでなく，その周りの風景も見えてきます。つまり，パラグラフ間の関係にも目が行くようになるのです（上級）。そして，いよいよプロのレベルに達すると，その風景の中で生活する人々の暮らしが見えてきます。いくつかのパラグラフを通じて作者が読者に伝えたかったメッセージが読み取れるようになるのです。プロの境地まで到達できるのはごく一部の学習者に限られてくると思いますが，なんとか上級レベルまで，学習者を引き上げたいと思っています。

理解域が英語リーディングの成功・不成功を左右することを具体例で紹介します。次の英文は，ナイチンゲールを扱った文章の中の1文です。

　　英文： The wounded and the dying were brought, or dragged themselves, into nearby villages.
　　迷訳： 傷ついた人々や死んだ人々は運ばれたり，自ら足を引きずって近くの村々にやって来た。

迷訳は 'the dying' を「死んだ人々」と訳出した点に起因しています。おそらくこの学習者は「the＋形容詞」で「人々」を表すことは理解できているようです。そこで 'the rich' は「豊かな人々」となるので，'the dying' は「死んだ人々」となると推理したようです。ただ，'the dying' を「死んだ人々」と解釈してしまうと，あとに来る 'dragged themselves'（自ら足を引きずって）とうまく合いません。しかし，この学習者はその不整合に気がついていません。次に示すように，理解域が限られているからです。

　　　　　　　理解域
　　　　　　　⇩
　〔The wounded and the dying〕　　傷ついた人々や死んだ人々
　〔were brought,〕　　　　　　　　運ばれたり，
　〔or dragged themselves,〕　　　　自ら足を引きずって
　〔into nearby villages.〕　　　　　近くの村々に

上記の迷訳を生み出した学生の理解域はセンス・グループ単位に限定されており，センス・グループ単位の理解を単純に1つに繋げた結果，このような誤訳になったと考えられます。もし，理解域が英文全体をカバーできるほど大きいと仮定しましょう。

　　　　　　　理解域
　　　　　　　⇩
〔The wounded and the dying were brought, or dragged themselves, into nearby villages.〕

2つの下線部の要素が1つの理解域の中で処理され,「死んだ人が足を引きずって歩くはずはない。もしそうであるならばゾンビの話になってしまう」という常識モニターが働くことになり,その結果,「死んだ人」といったん解釈したところを,足を引きずって歩ける「死にかけた人々」と修正することができるようになります。実際,the dead と the dying の区別がつかなくても,「死んだ人々は,自ら足を引きずって」という日本語訳が出てきた段階で,通常ならば,常識モニターが働き,自分の誤訳に気づくはずですが,多くの場合,当初の目標であった日本語訳が曲がりなりにもできあがった段階で,ある種の達成感を感じるため,それ以上考えることを放棄してしまうのです。この点は後ほど詳しく説明します。

(5) 節レベル・文レベルでの理解で満足

　上で触れた狭すぎる理解域とも連動していますが,学習者が英文を理解する場合に節レベル・文レベルでの理解で満足してしまうことも,正確なリーディングを阻害してしまう要因の1つと考えられます。再び大学の授業で遭遇した迷訳を紹介します（英文は p.5 の例と同じです）。

英文: Mita became the first Japanese cheerleader for a National Football League team when she made the Dallas Cowboys squad in 1998, mastering English as much out of necessity as desire.

迷訳: 三田が 1998 年にダラスカウボーイチームになったとき,彼女は NFL チームに入った初めての日本人チアリーダーとなった。そして,願望に加えて,それと同じくらい必要に迫られて英語をマスターした。

この学習者は「make＝作る」の呪縛から解き放たれていますが,節レベルでの理解に満足してしまっているため,中に含まれる3つの動詞 (become, make, master) で示される行為の前後関係まで注意が払われていません。上の英文は,基本的に,次の3つの主部・述部関係で構成されています。

① Mita became the first Japanese cheerleader for a National Football

League team.
② She made the Dallas Cowboys squad in 1998.
③ She mastered English as much out of necessity as desire.

　理解域の狭さも手伝ってか，英文の理解が節単位に留まっているため，個々の主部・述部関係は正確に理解されていますが，そこで満足してしまっています。よって，3つの動詞によって示されている3つの行為の順序まで理解が及ばず，全体として間違った解釈になっています。本人としては，読めたつもりだと思いますが，もし，3つの動詞によって伝えられる3つの行為を関連づけて理解しようとすれば，つまり，個々の主部・述部関係の枠を超えて，3つの行為の順番 (mastering → made → became) をきちんと把握すれば，おそらくもとの英文の理解も正確なものになっていたと思われます。しかし，学習者にとっての英文理解は，多くの場合，節単位・文単位で行われており，その段階で一応の解釈ができれば，それで満足してしまいます。その結果，上の迷訳のように，複数の主部・述部関係を単に繋げただけの解釈は英文理解としては不正確なものになってしまいます。

(6)　考えることの放棄

　これまで，日本人英語学習者による正確な英語リーディングを妨げる要因として，日本語の枠組みへの依存，根拠のない予測，貧弱な意味的ネットワーク，狭すぎる理解域，節レベル・文レベルでの理解での満足を指摘してきましたが，実は，日本人英語学習者による英文理解にとって一番の問題は，考えることの放棄にあると考えられます。英文を一応日本語に置き換えることができただけで満足感・達成感を覚え，自分の当面の解釈 (あるいは和訳) が本当に正確かどうか，振り返ろうとしないのです。上で紹介した日本人チアリーダーに関する英文の読解において，日本人女性が「ダラスカウボーイのチームを作った」と訳出した学習者も，その人が「チアリーダーとなって，英語をマスターした」と訳出した学習者も，少し考えを巡らせれば，普通の日本人女性に「ダラスカウボーイのチームを作る」資金なんてとうてい工面できるはずがないことや，アメリカのプロフットボールチームのチアリーダーになるためには，まずもって相当な英語力が

要求されることぐらいは分かるはずです。しかし，訳文が完成した時点で，達成感のほうが勝ち，それ以上の思考はストップさせてしまったために，このような迷訳が生まれてくるのです。

　もちろん，日本語への訳出が間違っているからと言って，英文解釈そのものが間違っているとは言えないという反論も聞こえて来そうです。むしろ，和訳を求めることが，自然な英文解釈を妨げている可能性がある，英語は英語の順番で（英語脳を使って）直線的に理解すべきであると。なるほどそうかもしれません。英文は英語の流れに沿って直線的に理解すべきであるという主張，いわゆる直読直解の考え方には筆者自身も賛成です。筆者が指導した大学生の中にも，高校時代の英語の先生の指導をきちっと守って，英文和訳においてとにかく前から前から節単位で訳読していく学生がいました。その学生たちに，一応の和訳が完了した時点で，英文の中で言及されている物事や行為の順番や関係を尋ねてみると，きちんと，しかも自分自身のことばで説明できない場合によく出くわしました。いわゆるスラッシュ・リーディングの要領で，前から前から順番に理解して行くこと（あるいは訳出していくこと）と当該英文の全体的な理解とが必ずしも合致しないこと，英文の中で出てきた行為・活動の順番が，必ずしも時系列的な順番とはならないことが理解できていないようです。

　この段階では，学習者に実際に和訳を求めるかどうかは別にして，英文を一度さっと理解した後で，自身の内容理解の真偽をきちんと査定すること，つまり，自身で解釈した内容が前後の文脈と照らし合わせて首尾一貫しているか，内容的に矛盾したところはないか，飛躍しているところはないか，などの点について考えることが（日本人学習者の場合，それ自身は母語である日本語で行われることになりますが），英語リーディングに成功するために欠かせない作業であることを力説しておきたいと思います。和訳の是非については後ほど取り扱います。

2. 効果的な英語リーディング指導にむけて

(1) インタラクションを軸とした指導のすすめ

　日本人英語学習者にとっての英語リーディングの阻害要因を考察してき

ましたが，裏を返せば，それらの要因を克服していくことがそのまま英語理解を促進することに繋がります。本書では，これらの阻害要因を考慮に入れつつ，メッセージ性のある英語リーディング指導法を提案したいと思います。折しも，最近の外国語教育界ではインタラクションが1つの重要なキーワードになっています。外国語学習に寄与する学習者要因（年齢，態度，動機付けや自律性など）への関心が高まるにつれて，従来の教師中心の一方向的な指導への反省の機運が高まり，学習者中心の指導，その中での教師と学習者あるいは学習者同士の関わり合いや繋がりが重視されるようになってきました。本書のテーマであるリーディング指導の分野にもこの流れは反映されており，リーディングとは，テキスト（文章）と読者のダイアローグ（ネゴシエーションやインタラクションという用語も使われます）であるという考えが主流となってきました（Widdowson, 1979; Carrell, Devine & Eskey, 1988; Birch, 2015）。

　このような考えが主流となる以前は，リーディングは四技能の中ではリスニングと同様受け身的なスキルとして見なされてきました。読み手は書かれた英文に含まれている情報の受け手として見なされ，読み手からの働きかけは過小評価されてきました。リーディングを「心理言語的推測ゲーム」と性格付けしたグッドマンの功績は，リーディングを極めて能動的なスキルと位置づけた点にあります。この新しいリーディング観においては，読み手は，テキストを読みながら，絶えずその内容に関して自問自答している極めて能動的な存在として見なされます。その結果，リーディングは，テキストと読み手のネゴシエーションとして受け取られるようになってきたのです。これと連動して，テキスト（加えてその背後に存在する書き手）と読み手としての学習者の間のネゴシエーションを意味あるものにさせるのが，外国語としての英語リーディングの指導に当たる教師の主要な役目であると考えられるようになってきました（天満, 1989）。そのための1つの有効な方法として，本書ではインタラクションを軸とした英語リーディング指導 (Interactive Reading Instruction) を提案します。

　このインタラクションを軸としたリーディング指導法には，次の2つの側面が含まれています。

　① *Interactive Reading* Instruction（インタラクティブな読み方の指導）

② *Interactive* Reading Instruction（リーディングのインタラクティブな指導）

①は「インタラクティブな読み方」の指導で，How to read に指導の焦点が当てられます。インタラクティブな読み方とは一体どのような読み方なのか，リーディングに関する理論に学びながら，多面的に考えていきます。一方，②は「リーディングのインタラクティブな指導」で，How to teach に焦点が当てられます。発問やペア活動，他技能との連携など，インタラクティブな手法を取り入れたリーディング指導について，具体例を交えながら考察していきます。

(2) リーディング指導で考慮すべき3つのインタラクション

リーディングをテキスト（文章）と読み手との間の意味のある対話やネゴシエーションと考えた場合，次に問題となるのがその対話やネゴシエーションを成功させるために，教師はどのような策を講じればよいのかという点です。インタラクションを基軸にするという観点から，本書では次の3つのインタラクションを志向すべきだと考えます。

① 学習者内でのインタラクション
② テキスト内でのインタラクション
③ 教室内でのインタラクション

3つのインタラクションそれぞれで想定されているものを簡単に紹介すると以下のようになります。

① 学習者内でのインタラクション：トップダウン的読みとボトムアップ的読みのインタラクション
② テキスト内でのインタラクション：テキストの構成要素間のインタラクション
③ 教室内でのインタラクション：技能間のインタラクション，教材と学習者と教師の間のインタラクション，英語と日本語のインタラクション，学習者と世界とのインタラクション

これら3つのインタラクションを基軸とした日本人英語学習者を対象としたリーディング指導 (Interactive Reading Instruction) の全体像を図で示すと以下のようになります。

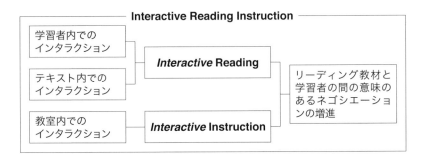

以下，学習者内，テキスト内，教室内，それぞれのインタラクションについて，その必要性とその実際を章ごとに分けて考察していきます。ただ，これら3つのインタラクションの間に厳密な意味での順序性はありません。関心のあるインタラクションから読み始めていただいて結構です。

　本書の特徴として，必ずしもリーディングを科学することが目的ではありません。それは類書（谷口，1992；髙梨・卯城，2000；門田・野呂，2001；卯城，2009；木村・木村・氏木，2010 等）に譲りたいと思います。本書が目指しているのは，基本的に筆者自身のリーディング指導観を提示することであり，それによって読者の方々がご自身の英語リーディング指導について振り返るきっかけを本書が提供できれば幸いと考えています。

〈注〉
　1)　英語の 'text' は「テキスト」あるいは「テクスト」と訳されていますが，本書では「テキスト」を text の訳として使用しています。なお，テキストとは「単一の語やイディオム，複合語などばかりでなく，ある談話や文章全体」（『大修館英語学事典』p. 708）を指しています。

第1章
学習者内でのインタラクション
―― トップダウン的読みとボトムアップ的読み

1. L2リーディング観の変遷

(1) ボトムアップ重視の時代

　外国語教育の歴史においては，以下の3つの教授法が時代を特徴づける主要な教授法と見なされています（伊東，1999；Dörneyei, 2009）。19世紀から20世紀初頭まで全盛を極めた文法訳読式教授法（Grammar Translation Method），20世紀半ばから1960年代にかけて隆盛したオーディオ・リンガル・アプローチ（Audio-Lingual Approach），そして1970年代にヨーロッパで生まれ，その後世界的な広がりを見せたコミュカティブ・アプローチ（Communicative Approach または Communicative Language Teaching）です[1]。

　まず，文法訳読式教授法の時代においては，外国語学習とは外国語で書かれた文献を読むこととほぼ等価でした。当時のコミュニケーション・モードが，書籍や新聞を通しての情報収集だったからです。当初は，語彙と文法の知識を駆使して，外国語で書かれた文章の内容を理解することに指導の主眼が置かれていましたが，いつしか，主客逆転し，文章の内容理解よりも，読解作業を通して目標言語の語彙と文法の習得が目指されるようになりました。その習得度をモニターする手段として翻訳が活用されました。学習者の間では，間違った翻訳で恥をかかないために，一字一句正確に読み取る精読が主流となりました。そのような緻密な作業を可能にする時間的余裕もあり，かつ，社会のエリート層が学習者であったため，そのような暗号解読的な読解作業を受け入れるだけの動機付けも十分に高かったようです。読み方は，語彙の意味と文法規則を手がかりに，個々の文の意味

を確認し，その意味の積み重ねとして文章全体の意味を把握するという具合に，基本的にボトムアップ的でした。音読も行われましたが，どちらかと言えば訳読前の準備体操程度の位置づけだったようです。

　コミュニケーション・モードに，ラジオやテレビが加わると，音声優先主義の立場から，聞くこと・話すことの指導を重視するオーディオ・リンガル・アプローチの時代に移行していきました。「音声こそ言語である。書かれたものは言語の第二次的な表象にすぎない」(Fries, 1945, p. 6) という音声優先主義 (speech primacy) の原則に則り，外国語学習におけるリーディングの位置づけも格下げとなりました。つまり，リーディングは口頭技能を通して学習した語彙や文法事項の習得をさらに強化するためのものとして位置づけられました。この音声重視の指導法の日本での普及に尽力した山家 (1972) も「hearing が出来てはじめて本当の意味での reading が可能になるのであり reading の基礎は hearing であることを銘記すべきである」(p. 24) と述べています。このように，リーディングの位置づけは文法訳読式教授法の時代から 180 度変わりましたが，リーディング指導それ自体においては，語彙と文法の知識をもとに正確な読みを目指すボトムアップ的読み方は受け継がれました。Fries (1970) も次のように述べています。

　　いかなる著作物であろうと，それを効率的に読むためには，読み手は，意味をもつ言語項目の表象としての書記符号に対して迅速な識別と認知の反応を発達させなければならない。(p. 219)

文法訳読式の時代と異なる点は，スキル学習の観点からよりスピーディなボトムアップ的読み方が求められた点です。コミュニケーション・モードが変化した関係で，ゆっくり時間をかけてのボトムアップ的読み方が時代錯誤と見なされ，その代わりとして，話されるスピードで理解していく直読直解が求められました。その延長として，テキストから必要な情報のみを入手するためのスキャニング (scanning) や，テキストの概要をさっと読み取るためのスキミング (skimming) も速読の技能として重視されました[2]。

(2) トップダウン重視の時代

ボトムアップ的読み方が主流となっていた外国語教育界に一大衝撃を与えたのが，以下の引用に見られる K・グッドマンの「リーディングとは心理言語的推測ゲームである」という主張です。少し長いですが，頻繁に引用されてきた箇所ですので，原文と合わせて紹介します。

> Reading is a selective process. It involves partial use of available minimal language cues selected from perceptual input on the basis of the reader's expectation. As this partial information is processed, tentative decisions are made to be confirmed, rejected or refined as reading progresses. More simply stated, reading is a psycholinguistic guessing game. (Goodman, 1967, pp. 126–127)
> （リーディングは選択的プロセスである。つまり，知覚されたインプットから，読み手の予想をもとに選ばれた最小限の言語的手がかりを部分的に活用することを含む。この部分的情報が処理されるなかで，仮の決定がなされ，リーディングが進行していくにつれて，その仮の決定は確定されたり，廃棄されたり，洗練されたりする。より簡潔に述べれば，リーディングは心理言語的推測ゲームである）

このグッドマンの理論はもともと L1（母語）でのリーディングを説明するものでしたが，そのインパクトの強さゆえ，L2（外国語）でのリーディングのモデルとしても利用されるようになりました。その結果，一字一句逃さず，正確に読み取るボトムアップ的リーディングを否定し，文意の理解に必要な限られた数の情報だけに着目し，背景知識を援用しながら大まかな内容を推測する極めて能動的な活動としてのトップダウン的リーディングが志向されるようになってきました。我々が外国語で書かれたテキストをトップダウン的に理解しようとする場合，挿絵があるときにはその挿絵なり，そのテキストにタイトルが付いている時にはそのタイトルを見て，我々が持っている様々な知識や経験から選ばれたそのテキストと関連のありそうな知識や経験をもとに，無意識のうちにそのテキストを読み取っていくためのある種の心理的かまえを形成します。リーディングの研究者の間ではその心理的構えはスキーマ（schema）と呼ばれ，「我々が新しい経験を理解するのを助ける認知的枠組み」（Nunan, 1999, p. 201）とか，「我々の経験の

中で生起する一般的なパターンや規則の外延的表象」(Smith, 1994, p. 14) とも定義されています。リーディングにおけるスキーマの重要性を強調するこの考え方はスキーマ理論として、リーディングの研究者の間で広く採用されていきました。

　L2 リーディングの指導に際しては、学習者が題材に関する背景知識や経験を援用し、そのテキストを読み解くためのスキーマ (schema) を形成し、活性化させていくための方略に力点が置かれるようになりました。当然、一字一句に注意を払いながら、語彙の意味と文法規則を手がかりに、個々の文の意味を確認し、その意味の積み重ねとして文章全体の意味を把握するボトムアップ的な読み方は否定されました。文法訳読式教授法で主流をなしていた翻訳に代わって、スキーマを活性化させるためのプレ・リーディング活動や、大まかな内容理解を求める概要把握などトップダウン的活動に指導の力点が移動します。

　グッドマンの「リーディングは心理言語的推測ゲームである」という考えは、上で触れたように、もともと L1 リーディングが対象となっていました。しかしながら、オーディオ・リンガル・アプローチの行き詰まりに対して打開策を模索していた外国語教師にパラダイム・シフトを提供しました。

(3)　トップダウン偏重への疑問

　グッドマンのトップダウン理論は外国語教育におけるリーディング研究の推進にも大きく貢献しましたが、皮肉にも、リーディングの研究が進むにつれて、彼の理論への疑問が湧き出してきました。

　まずは、グッドマンの理論が母語での読解を念頭に編み出されたものだけに、文脈や背景知識から文意を予測するという高位レベルのスキルを重視するあまり、文に含まれる語彙や文法項目の迅速で正確な認知のような低位レベルのスキルを軽視しているという点です (Eskey, 1988, p. 93)。日本の英語学習者のように外国語として英語を学んでいる学習者の場合、低位レベルのスキルの習得に苦労している場合が多いのです。

　リーディング教材のトピックに馴染みのない場合は、トップダウン的読みに必要な予測が簡単にはできないという点、さらに、仮に予測ができる

熟練した読み手の場合でも，予測にかなりの時間がかかってしまい，リーディングのスピードが下がってしまう点も問題視されました (Samuels & Kamil, 1988, p. 32)。

　一番の問題は，予測に代表されるトップダウン的な読み方が，必ずしも優れた読解の証にはならないという点です。初級レベルの読み手も，上級レベルの読み手と同じぐらい，自身の背景知識に頼っていることがその後の研究で明らかになったのです (Eskey, 1988)。ただ，その場合も，上級レベルの読み手は，テキストの内容の高次元の解釈 (たとえば，作者の隠された意図や話の展開の方向性) のために背景知識に基づく予測を行っていますが，初級レベルの読み手は，もっぱら未知語の意味を推測するために活用していることも明らかになりました。英語のリーディングの授業で，未知語が出てきたら，すぐに辞書で調べるのではなく，なるべく前後の文脈を頼りに未知語の意味を推測することが望ましい学習方略として勧められていますが，意外にも，これは低次なレベルの推測を学習者に勧めていたことになるのです。いずれにしても，リーディングを心理言語的推測ゲームと考えるグッドマンの理論を疑問視する考えが強くなっていきました。

(4)　トップダウンとボトムアップのインタラクションへ

　トップダウン偏重の傾向が疑問視されるなかで，一度は否定されたボトムアップ的読み方の再評価が始まり，両者の融合を図る形で，インタラクション・モデルが推奨されるようになってきました (Carrell, Devine & Eskey, 1988)。外国語教育の分野においては，すでに CLT (Communicative Language Teaching) の普及を受けて，インタラクションが重要なキーワードになっていましたが，英語リーディングの指導においては，インタラクションという概念が多様に解釈されていました。その多様な解釈の中で，2つの解釈が有力視されました (Grabe, 1991)。1つは，読み手とテキストの間のインタラクションで，もう1つはリーディング能力を構成するサブ技能[3]の間のインタラクションです。グッドマンのトップダウン・モデルも，ある意味では，前者の読み手とテキストの間のインタラクションに関するモデルであったとも言えます。外国語教育でのリーディング指導でインタラクションが議論される場合，伝統的に読み手とテキストの間のインタラクション

が対象となっていましたが，1980年代以降，その意味でのインタラクションも残しながら，ボトムアップとトップダウンのインタラクションという新しい意味でのインタラクションが注目を浴びるようになりました。たとえば，Carrell & Eisterhold (1983) は，インタラクション・モデルを次のように説明しています。

> ボトムアップ処理を通して次々に得られる情報と，トップダウン処理を通してなされる内容に関する予測が適合していれば，テキストの満足のいく解釈が成立する。(p. 559)

下の図は，Grabe (1988, p. 59) によって示された初期のインタラクション・モデルです。上部がトップダウン的読み方で使用される要素，下部がボトムアップ的読み方で使用される要素です。トップダウンとボトムアップがイメージしやすいように，オリジナルとは上下逆に示されています。

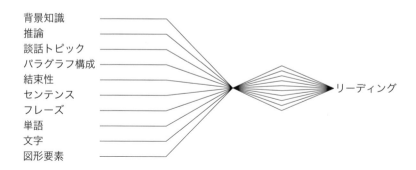

このボトムアップとトップダウンの融合を図ったインタラクション・モデルは，我々日本の英語教師にとってまったく新しい概念ではありません。従来から，英語の読解指導においては，個から全体への指導に加えて，全体から個への指導も必要であることは日本の英語教師に共有されてきたと思います (天満, 1989)。ここで紹介したボトムアップとトップダウンの融合を図るインタラクション・モデルは，それをより精緻なモデルに昇華したとも言えると思います。

科学革命のプロセスを解き明かしたトーマス・クーン (Kuhn, 1970) によ

れば，その時代に広く受け入れられている通常科学 (normal science) がパラダイムを形成すると，やがてそれが疑問視され危機の時代が到来します。その危機を克服するために，革新的科学 (extraordinary science) が提唱され，新しいパラダイムが形成されます。やがて，この新しいパラダイムが通常科学となり，次の科学革命のサイクルが進行していくことになります。このクーンの考えは，第二言語教育や外国語教育におけるパラダイム・シフトを説明するときによく言及されますが (cf. Jacobs & Farrell, 2001)，ドイツの哲学者ヘーゲルの弁証法に通ずるところがあります。つまり，ある命題が一般に正しいものと認められると，やがてそれとは反対の命題が提案され，最終的に両者を統合した新しい命題が形成されます。いわゆる正・反・合のサイクルです。外国語でのリーディング指導においても，同じプロセスが確認できます。つまり，正としてのボトムアップ，反としてのトップダウン，そして合としてのインタラクションです。

2. L2リーディングとはどんな技能か

　前節では通時的観点から，リーディング観が時代とともに変化してきた様子を見てきました。ここでは，リーディングそのものに注目します。これまで様々なリーディングの定義が示されてきました。たとえば，Aebersold & Field (1997) は，リーディングを「人々がテキストを見て，そのテキストに含まれる書記符号に意味を付与すること」(p. 15) という極めて簡潔な定義を示しています。今日のリーディング研究で主流となっているインタラクション・モデルの流れを汲む Mikulecky (2011) は，リーディングを「読み手が，テキストと自身が蓄えている関連知識から得られるデータに基づき，著者が意図したと思われる意味を再構築するために，多様な方略を活用する複雑な意識的・無意識的心的プロセス」(p. 5) と定義しています。ここでは，これらの定義を下敷きにしながら，もう少し具体的に，L2リーディングの特質に迫っていきます。

(1) 流暢なリーディングの特質

　今日，リーディングにおけるボトムアップとトップダウンのインタラク

ションの重要性を強調する立場から，L2リーディングの研究が精力的に進められています。そのインタラクティブ・アプローチの第一人者の1人Grabe (1991) は，L2学習者が目指すべき流暢なリーディングの弁別的特質として次の6点を上げています。日本人学習者による英文読解のコンテクストで，筆者なりの解釈も交えながら説明していきます。

1) 迅速であること

読み手は，正確な英文読解にとって必須である文と文の繋がりを理解したり，書き手の意図に迫る推論を生み出すためには，知覚した英文が自身の作業記憶から消え去らないうちに，英文の内容を流れにそって迅速に理解していかなければなりません。かと言って，眼球の動きを迅速にすれば，L2リーディングが速くなるわけではありません。言語処理と内容理解の迅速さが求められます。

2) 目的を伴うこと

読み手は，楽しみのためであれ，必要な情報を得るためであれ，研究のためであれ，リーディングを行うための明確な目的を持っています。学習初期の段階では，語彙の学習や文法事項の定着など英語学習そのものが目的となり，いわばリーディングのためのリーディングが行われる傾向にありますが，必要な情報を入手するためなど，徐々に活動本来の目的をもったリーディングに移行していく必要があります。

3) 相互作用的であること

読み手は，印刷物から得られる情報だけでなく，自身の背景知識から得られる情報も活用します。読解プロセスにおいて，上のインタラクション・モデルで言及した様々な知識や技能が同時に作用し，正確な内容理解が生まれます。英文に含まれる言語情報を軽視し，背景知識に過度に頼りながらの読解が，とんでもない英文解釈を生み出すことは，序論で確認済みです。

4) 理解を伴うこと

読み手は，自身が読んでいるものは自分の力で理解できるという期待を

持つ必要があります。生徒の英語学習に対するモティベーションを高めるためや，時には学校のメンツを維持するために，現在の生徒の英語力をはるかに超えた英語教科書を使って英文読解の授業がなされる場合もありますが，リーディングのスキルを高めるためには，生徒の学力に見合った教材を使って，生徒の内容理解を保証しながら指導を続けることが求められます。加えて，理解を伴うということは，英語リーディングにおいて，ただ表面的な理解や，単なる日本語への置き換えではなく，真に英文の内容が理解できていなければならないことを示唆しています。授業で和訳を求める場合，とりあえず日本語らしきものにはなっているが，結局何を言わんとしているのかさっぱり分からないという事態によく出くわします。まさに理解を伴っていない証拠です。きちんと理解できていれば，誰にでも分かりやすい日本語に置き換えることができるというのが持論です。

5) 柔軟であること

読み手は，効率よく英文読解を進めるために，一連のリーディング方略を活用しますが，いつも同じ方略を同じように活用するわけではありません。上で流暢なリーディングは目的をもってなされると書きましたが，熟達した読み手は，その目的に応じて使う方略を変えていきます。鉄道マニアの人々の中には，列車の時刻表を精読することに喜びを感じる人もいるようですが，普通は自分が乗車する予定の列車の発着時間と到着時間を確認するために，さっと目を通すだけです。逆に，コンピュータの使用マニュアルのたぐいは，しっかり腰を落ち着けて精読することになります。さらに，一編の論文を読むときにも，熟練した読み手はじっくり精読するところと，さっと速読するところを判断して読み進めます。その結果，自分にとって重要な論文であることが分かると，今度はじっくり腰を落ち着けて最初から精読していきます。

6) 上達はゆっくりであること

流暢なリーディングは，長期にわたる絶え間ない努力と漸進的な改善の産物です。リーディングに王道なしというところでしょうか。しかも，これはなにもリーディングに限ったことではありません。英語の四技能すべてに関して，さらには英語学習全体に関して言えることだと思います。た

だ，ゆっくりと言っても，学習期間をむやみに伸ばすだけでは望ましい結果は生まれません。学習途中に小さな成功を味わえる機会をたくさん提供し，達成感に支えられた自律した学習者や読み手を育てることが必要です。

(2) 流暢なリーディングを支えるサブ技能

　日本人英語学習者が最終的に目指す流暢な英語リーディングとはどういうリーディングなのかを見てきましたが，ここでは，流暢なリーディングを支えるサブ技能にどのような技能が含まれるのか，より詳しく検討していきます。そのために，まずインタラクティブ・アプローチの立場からL2リーディングを研究しているW. Grabeの考えに注目します。Grabe (1991)はL2リーディングに成功するためには，トップダウン的な読み方とボトムアップ的な読み方の相互作用が必要であるという立場から，流暢なL2リーディングの構成要素として，以前の自身のモデル (Grabe, 1988) を少し修正して，次の6つの要素を提示しています[4]。

　⑥　メタ認知的知識と技能のモニタリング
　⑤　統合・評価のための技能
　④　内容や社会一般に関する背景知識
　③　談話構造に関する知識
　②　語彙と統語構造に関する知識
　①　自動化された言語要素認知技能

以前のモデルでは，L2リーディングの構成要素として，言語要素 (文字，単語，句，文，パラグラフ) や知識 (一般常識) やスキル (推察力) が混在していましたが，このモデルでは，読み手が持っている知識と技能が構成要素となっています。この流暢なリーディングを構成する要素は，Grabe & Stoller (2002) では，さらに以下のように改訂されています。高位レベルのサブ技能と低位レベルのサブ技能が区別されていますが，レイアウトは各サブ技能が上にあがるほどレベルが高くなるようにアレンジされています。

高位レベル技能	⑧ 活動遂行管理
	⑦ 背景知識活用と推論
	⑥ 状況を考慮した解釈
	⑤ テキスト・レベルの理解
低位レベル技能	④ 作業記憶の活性化
	③ 文単位の意味形成
	② 統語解析
	① 単語認知

Grabe (1991) のモデルでは，知識と技能が混在していましたが，このモデルでは，L2 リーディングの構成要素が技能に統一されています。また，高位レベルのサブ技能と低位レベルのサブ技能が区別されているのも大きな特徴ですが，現実問題として，両者を明確に区別することは難しいと思います。これら 8 つのサブ技能も「より高位」なレベルの技能，「より低位」なレベルの技能として相対化して考えるほうが実像に近いのではないかと考えられます。

さて，L2 リーディングの構成要素を，教室での指導を念頭に入れ，テキスト攻略スキル (Text Attack Skills) として，技能に一元化したのが Nuttall (2005) です。以下の 8 つのスキルがテキスト攻略のためのサブ技能として示されています。⑧ が最も高いレベルのサブ技能で，① が最も低いレベルのサブ技能です[5]。

⑧ 予測する
⑦ 示唆を認識し，推論を行う
⑥ テキストの背後にある前提を認識する
⑤ テキスト構成を認識する
④ 機能的価値を認識する
③ 談話標識を解釈する
② 結束表現を認識し，解釈する
① 統語構造を理解する

同様に，Koda & Zehler (2008, pp. 98–99) は L2 リーディングを成功させる

ためのサブ技能として，以下の9つの技能を提示しています。

⑨ 行間推論：行間を埋めるために明示されていない情報を推論
⑧ 文章理解：談話標識から文の繋がりを理解し，文章全体の意味を把握
⑦ 語彙推測：単語の構成や前後の文脈に基づき未知語の意味を推測
⑥ 概要把握：主題に関連する情報からテキストの概要を把握
⑤ 文意理解：文法・語法に基づき個々の単語の意味を総合し文意を理解
④ 語義認知：記憶から単語の意味を認知
③ 語形処理：語形（形態素）から単語の文法的特性を認知
② 正書処理：スペリングを頼りに単語知覚
① 文字変換：文字を音声情報に変換

さらに，Grabe (2011) は，これまで自身が示してきたL2リーディング能力の構成要素の枠組みを改編し，以下の12の要素をL2リーディングの成功を支える基盤として提示しています。これも原文での提示順序を逆にして示しています。

⑫ リーディングを続け，その目的に沿う形でテキストに含まれる情報を適切に使うためのモティベーション
⑪ ⑩で言及されているプロセスを長い時間にわたって維持する能力
⑩ テキストから得られる情報を査定・統合・総合し，状況に合致した理解を達成する能力
⑨ 自身がもっている背景知識を正しいものとして参考にする能力
⑧ 様々なタイプの推論を行い，読む目的に照らし合わせながら理解の正確さをモニターする能力
⑦ 読むための目的を設定し，必要に応じてその目的を調整する能力
⑥ 難度の高いテキストを読んだり，専門的な読解作業のために，様々な読解方略を使う能力
⑤ テキストに含まれる談話レベルの関係性を認知し，その情報を使って理解を構築し，補強する能力
④ 文単位の意味を組み合わせ，より大きな意味的関係の回路を構築する能力

③ 句レベルや文レベルの文法的情報から意味を引き出す能力
② テキストに含まれる多数の単語の意味を自動的に認知できる能力
① 文字の並びを解析し，効率よく単語を認知する能力

　このように，Grabe (2011) は 11 個のサブ技能とそれらを駆使しながらリーディングを続けようとするモティベーションを，L2 リーディングの成功を支える 12 個の要素として設定しています。参考までに，Mikulecky (2011, p. 40) は，流暢なリーディングを構成する要素として，Grabe & Stoller (2002) のように高位と低位に分けていませんが，全部で 24 個のサブ技能を提示しています。このように，研究者によって L2 リーディングの成功を支える要素の枠組みはまちまちですが，共通して伝えようとしているのは，まさに L2 リーディングが「数多くの操作と処理技能からなる多面的な探求である」(Koda, 2011, p. 463) というメッセージだと思います。

　当然，これらのサブ技能それぞれが英文読解の成否に影響を与えるわけですが，インタラクション・モデルが意図するところは，英文読解に成功するためには，個 (低位レベルの技能) から全体 (高位レベルの技能) に向かうボトムアップ的読み方と，全体から個に向かうトップダウン的読み方のインタラクションが必要となるという点です。どちらかに偏り過ぎないことが大切なのです。

3. L2 リーディング指導の進め方

　効果的な英語リーディングには，ボトムアップ的な読み方とトップダウン的な読み方のインタラクションが必要と言っても，その実態は様々です。いつもボトムアップが 50% でトップダウンが 50% というわけではありません。リーディングの目的や対象となるテキストに応じて，インタラクションの実態は様々に変化します。読み手の学力に応じても変化します。教える側に状況に応じた柔軟性が求められます。以下，トップダウン的読み方とボトムアップ的読み方の相互作用を基盤に据えながら，その多様性を考慮し，L2 リーディング指導の方向性を探ってみます。

(1) リーディングの目的に対応したリーディング

　L1（母語）でのリーディングにしろ，L2（外国語）でのリーディングにしろ，その目的は様々です。その目的に応じて，読み方も工夫する必要があります。たとえば，Grabe & Stoller (2002, p. 13) は，リーディングの目的として以下の7つの目的を挙げています。

　① 単純な情報を求めてのリーディング
　② 素早く概要を読み取るためのリーディング
　③ テキストから知識を得るためのリーディング
　④ 情報を統合するためのリーディング
　⑤ 書くためのリーディング
　⑥ テキストを評論するためのリーディング
　⑦ おおざっぱな内容を理解するためのリーディング

これらの異なる目的に合わせて，ボトムアップ的な読み方とトップダウン的な読み方のインタラクションの質と量を調整していく必要があります。たとえば，① 単純な情報を求めてのリーディングや ⑦ おおざっぱな内容を理解するためのリーディングでは，トップダウン的な読み方が主となりますが，③ テキストから知識を得るためのリーディングや ⑥ テキストを評論するためのリーディングでは，ボトムアップ的な読み方が主となります。このように考えてくると，インタラクション・モデルが規定するボトムアップとトップダウンのインタラクションに加え，リーディングの目的と読み方の間のインタラクション（Aebersold & Field, 1997, p. 15）も考慮する必要があります。この点については，最後のまとめのところで再度言及します。

(2) テキストの種類に対応したリーディング

　リーディングの目的は，当然のことながら，対象となるテキストに応じて変化します。よって，読み手は，これから読み始めるテキストの種類に応じて，読み方，つまりボトムアップ的な読み方とトップダウン的な読み

方の配合を決めていかなければなりません。

　たとえば，旅行の時程を決める場合に時刻表を見ますが，鉄道マニアでない限り，いわゆる精読は行いません。つまり，ボトムアップ的な読み方は行いません。必要な情報のみを入手するための速読，しかもスキャニングを行います。レストランのメニューを読むときにも，主に必要なのはトップダウン的な読み方です。大学の授業で使う英語で書かれた書籍やコンピュータなどのマニュアルは，状況にもよりますが，たいがい精読が必要になってきます。同じ書籍でも，書店で手に取る本は，本来精読はしません。お金を出して購入するだけの価値があるかどうか判断するための速読，それも概要をさっと読み取るためのスキミングというトップダウン的な読み方を行います。我々が日常よく手にする生命保険の証書などは，本来は精読しなければならないものですが，なぜか，そのためのモティベーションを下げるような文字の大きさで書かれています。

　いずれにしても，これから読み始めるテキストの種類に応じて，ボトムアップ的な読み方を主とするのか，トップダウン的な読み方を主とするのか，決めなくてはなりません。さらに，同じテキストの中でも，場所によって読み方を変える必要もあります。たとえば，我々が毎日読む新聞などは，まずトップダウン的な読み方をします。具体的には記事の見出しを読んで，さらに詳しく読んでみたい記事を見つけます。いったん，詳しく読んでみたい記事が見つかると，今度はボトムアップ的な読み方を採用することになります。同じ新聞でも，テレビ番組や株価の頁は最初からいわゆる斜め読みの対象です。

（3）　学習段階に対応したリーディング

　これまで議論してきた流暢なリーディングにおけるボトムアップ的読み方とトップダウン的な読み方のインタラクションは，どちらかと言えば，すでにある程度学習に成功した上級レベルの学習者によるリーディングを想定しています。同じ上級レベルの学習者の場合でも，ボトムアップ的読み方とトップダウン的な読み方のインタラクションはリーディングの目的やテキストの種類に応じて変化することを確認してきましたが，実は，読み手のL2に関する言語能力やテキストのトピックに関する背景知識の質

と量によっても，その相互作用の実態が変わってきます（Mikulecky, 2011, p. 41）。たとえば，初級者の場合，テキストに含まれる言語要素（語彙や文法）の理解，つまりボトムアップ的な読み方にその処理能力の多くが費やされ，テキストの中の関係性や全体像を把握する余裕がありません。一方，上級者の場合，テキストに含まれる言語要素の処理はかなり自動化されており，認知的負荷がさほどかかりません。その結果，残存している処理能力で，自分が持っている背景知識や一般認知能力に照らし合わせながら，つまりトップダウン的な読み方をしながら，テキストの中の関係性や全体像を把握していきます。

　加えて，学習者の発達段階に応じて，ボトムアップ的な読み方とトップダウン的な読み方の配合が変化するだけでなく，それぞれの読み方で参照されるサブ技能の意識度も変化します。特に，ボトムアップ的な読み方で参照される低位レベルのサブ技能の意識度が変化します。初級段階ではボトムアップ的な読み方が主流になるため，それを支える低位レベルのサブ技能を意識的に活用しますが，学習が進むにつれて徐々にその活用が無意識的になってきます。決して上級者になるとボトムアップ的な読み方が無くなるわけではありません。依存への意識度が下がるため，結果的にトップダウン的な読み方が前面に出ているのです。

（4）　学習目的に対応したリーディング

　ボトムアップ的な読み方とトップダウン的な読み方の配合は，学習目的に応じても変化します。一般に，L2 リーディングには学習活動としてのリーディング（Reading for language）と言語活動としてのリーディング（Reading for communication）の 2 つが存在するとされています[6]。前者は，テキストに含まれる語彙や文法事項の理解と定着が主たる目的で，テキストの読み方は，ボトムアップ的な読み方が主となる精読となります。いわば，英語が「分かる」ようになるための活動です。一方，後者の場合は，内容理解に力点が置かれ，コミュニケーションとしてのリーディングが志向されます。その結果，テキストに含まれる関係性や全体像の把握に適しているトップダウン的な読み方が主となる多読や速読が多用されます。いわば，コミュニケーションとしての英語のリーディングに「慣れる」ための活動

です．以下の図は，Nuttall (2005) によって示された L2 リーディングに必要なサブ技能の枠組みを使いながら，学習目的 (学習活動か言語活動か) に応じたボトムアップ的な読み方とトップダウン的な読み方の配合割合の変化を示しています．

学習活動としてのリーディングにおいては，言語材料の理解と定着が主たる目的となるため，効果的なリーディング能力を構成している①から⑧のサブ技能のうち，ボトムアップ的な読み方を支える低位レベルの技能が主に援用されます．一方，言語活動としてのリーディングにおいては，効果的なリーディング能力の育成が主たる目的となるため，トップダウン的な読み方を支える高位レベルの技能が主に援用されます．

(5) L1 で培ったリーディング能力の活用

さて，日本人学習者による英語リーディングを対象とする場合，どうしても無視できない問題が残されています．Grabe らによって提唱されたインタラクション・モデルは，どちらかと言えば，様々な母語を話す学習者を対象とした ESL 環境，しかもかなり学習が進んでいる段階でのリーディングのモデルです．基本的には L1 でのリーディングを説明するためのモデルと同じモデルです．日本での英語教育のように，外国語としての英語教育におけるリーディングを議論する場合，学習者の母語や，学習者が母語習得で培ってきた読解能力 (リテラシー) の存在を無視することはできません．下の図が示しているように，流暢なリーディングに必要なサブ技能のうち，低位レベルの技能は言語透明性，つまり個別言語の特性に縛ら

ない度合いが低く，主に目標言語である英語との関連で機能せざるを得ませんが，高位レベルの技能は言語透明性が高く，英文読解においても母語である日本語の習得で培った高位レベルの技能がほぼそのまま機能します。

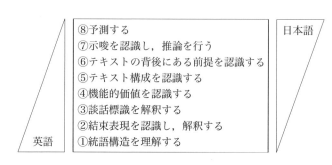

平成21年3月に公示された高等学校学習指導要領（文部科学省，2009）においては，「英語に関する各科目については，その特質にかんがみ，生徒が英語に触れる機会を充実するとともに，授業を実際のコミュニケーションの場面とするため，授業は英語で行うことを基本とする」（pp. 115–116）という指針が示されましたが，仮にリーディングの授業も英語で行うとしても，学習者が母語の習得過程で培ってきた高位レベルの技能を無視することはできません。それらの高位レベルの技能を生かす授業のあり方を模索する必要があります。つまり，Koda (2011) が指摘する様々な言語のリーディングに共通して存在している reading universals を指導に生かす試みが求められるのです。しかしながら，Grabe (2011) によると，学習者が母語習得の過程で獲得した高位レベルのサブ技能を L2 リーディングにおいて活用するためには，ある程度 L2 言語についての知識が必要であることも分かっています[7]。つまり，英語リーディングに上達するためには，まずは英語のしくみがきちんと分かることが先決なのです。言語活動としてのリーディングもさることながら，学習活動としてのリーディングも必要になってくるのです。

　英語学習に上達し，低位レベルのサブ技能が自動化されるにつれて，L2としての英語リーディングはL1としての英語リーディングに徐々に似通ってきます。上で紹介した「プロ」レベルのL2読者の場合がそうです。それが，L2としての英語リーディングの最終到達点になります。

4. まとめ

　リーディング観の変遷で見てきたように，ボトムアップ・モデルとトップダウン・モデルを融合したインタラクション・モデルが，現在のリーディング研究では主流となり，パラダイムを形成しています。しかしながら，いみじくもクーンの『科学革命の構造』が示唆しているように，新しいパラダイムが通常科学として認知されると，その反証が提示され，危機の時代を迎え，やがて革新的な科学が生まれ，新しいパラダイムが形成されていきます。インタラクション・モデルに関しても，その後，ボトムアップ処理の重要性がさらに一段と見直され，これまで以上に重視されるようになっています。その結果，限定的インタラクション・モデル (restrictive interactive models) が提唱されています (Grabe, 2009, p. 90)。このモデルに従えば，流暢なリーディングに必要なのは，ボトムアップ処理とトップダウン処理の融合よりは，ボトムアップ処理における自動化 (automaticity) であり，自動的なボトムアップ処理が困難になった場合に，必要に応じてトップダウン処理の支援を受けることになるという考え方です。さらに，ボトムアップ処理とトップダウン処理のインタラクションもさることながら，流暢なリーディングを支える個々のサブ技能の間でのインタラクションにも研究者の視線が向けられ，リーディング・モデルの細分化が進行しています (Grabe, 2009, pp. 91–102)。

　筆者自身は，インタラクション・モデルが示唆した学習者内でのインタラクションをミクロレベルのインタラクションとマクロレベルのインタラクションに分けて考えたいと思います。前者は Grabe らによって提唱されたトップダウン処理とボトムアップ処理のインタラクションを指し，後者はリーディングの目的や対象テキストの種類に応じた読み方の使い分けを指します。それを端的に示してくれているのが，次ページに示す Birch (2015) の「均衡の取れた統合的アプローチ」(balanced integrated approach) の図です (p. 3)。

　リーディングは，いみじくもグッドマンが述べているように選択的なプロセスです (Goodman, 1967, p. 126)。ただし，選ぶのはテキストの解釈に必要な言語的手がかりだけではなく，精読をするのか，速読をするのか，テキストの読み方も選択の対象になります。リーディングは新しい意味で選

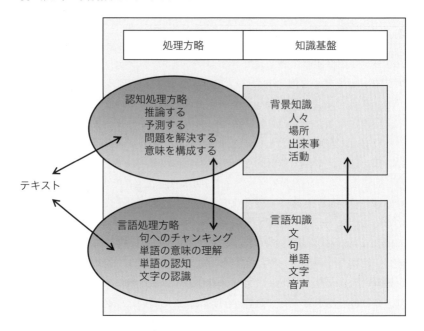

択的で，極めて能動的なスキルであると言えます。

〈注〉
　1) 筆者は外国語教育の歴史を3つの時代に分けて考えています。言語の本質を言語規則として捉えていた知識教育の時代，言語の本質を言語行動として捉えていた技能教育の時代，そして言語の本質を言語使用として捉えているコミュニケーション教育の時代です。この時代区分は，ここで取り上げている教授法の区分にも対応しています。詳細は，伊東 (1999) を参照してください。
　2) ここでは，スキャニング (scanning) とスキミング (skimming) が速読の一形態としてボトムアップ的な読み方の例として位置づけられていますが，その情報収集の機能に着目してトップダウン的な読み方の例として位置づけられることもあります。
　3) 下位技能としてもよかったのですが，これまでの説明に出てきた高位レベルの技能・低位レベルの技能と混同される可能性を避けるためにサブ技能としています。
　4) 原文では流暢なリーディングを構成する要素が上から ①〜⑥ の順番で示されていますが，高位レベルの技能と低位レベルの技能の配置が実際の高低と重なるように，本書では上から ⑥〜① の順番で示されています。

5) 原文では 8 つの Text Attack Skills が ① から ⑧ の順番で説明されていますが，ここでも高位レベルの技能と低位レベルの技能の配置が実際の高低に合致するように示されています。

6) 英語授業の中で行われる活動は，しばしば学習活動，言語活動，コミュニケーション活動，タスク活動に分類されますが，ここでの言語活動は，形式に焦点を当てた形式的な学習活動と対比されるだけでなく，コミュニケーション活動やタスク活動も含む幅広い概念として使用されています。よって，ここでの学習活動と言語活動の対比は，Widdowson (1978) によって指摘されている usage と use の対比に相当します。

7) この考えは，「言語的域仮説」(Linguistic Threshold Hypothesis; Grabe, 2011, p. 448) とも呼ばれています。リーディングに限らず，四技能すべてにおいて当てはまると思われます。

第2章
テキスト内でのインタラクション
── テキスト理解の基礎

1. 文構造と談話構造

(1) テキストとは

　本章では，リーディング指導に必要な3つのインタラクションのうち，前章の学習者内インタラクションの後を受けて，テキスト内インタラクションを扱います。具体的には，テキストの構成要素（文の構成要素も含む）間のインタラクションに注目します。

　テキスト言語学の礎を形成した Halliday & Hasan (1976, p. 2) によると，テキストとは "a semantic unit: a unit not of form but of meaning"，つまり形式的な単位ではなく，意味の単位と見なされ，以下のような性格を有しています。

　　テキストとは，話されたものかもしれないし書かれたものかもしれない。散文かもしれないし韻文かもしれない。対話かもしれないし独白かもしれない。テキストは，1つの諺から1編の劇の間に，あるいは助けを求める一時的な叫び声から委員会での1日がかりの議論の間に存在するものすべてであるとも言える。(p. 1)

このように，意味の単位である以上，テキストの長さは節とか文のような形式面での長さで定義することはできません。たとえば相手に何かを依頼する時の "Please." のように，1語でもテキストになる場合もあれば，"Please open the window." という1文もテキストになります。さらに，"Please open the window. It is very warm here." という文の繋がりもテキスト，一連の文の繋がったパラグラフもテキスト，さらにパラグラフが繋がった一定の長さの文章，最終的には1冊の本もテキストになります。

(2) パラグラフの内部構造に注目

本章では，様々な長さをもったテキスト内のインタラクションを扱いますが，そのインタラクションの実際を具体的に示すために，主に，パラグラフ単位までのテキストに限定して，テキスト内での構成要素間のインタラクションについて考察を進めます。次の図は，パラグラフの内部構造を示しています。

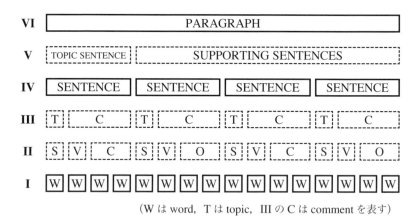

(W は word，T は topic，III の C は comment を表す)

形式的には，パラグラフはいくつかの文で構成され，パラグラフを構成している個々の文はいくつかの単語で構成されていますが，パラグラフの構造を考えるに当たり，上の図が示すように，レベルI（単語レベル）からレベルVI（パラグラフレベル）まで，6つのレベルに分けて議論を進めていきます。ただ，この図には実線で囲まれている部分と点線で囲まれている部分が混在しています。実線で囲まれている部分（レベルIとレベルIVとレベルVI）は，読者が自身の目で実際に確認できるものを指し，点線で囲まれている部分（レベルIIとレベルIIIとレベルV）は目では確認できないものを指し

ています。

　英文読解においては，後者の目に見えない関係性を的確に察知することが重要です。この目に見えない関係性は，読み手が自身の語彙力や文法力などをフルに活用して認知しなければならないものです。文の中に存在しているS（主語），V（述語動詞），C（補語），O（目的語）で示される統語的関係性（つまり文型）や，T（トピック）とC（コメント）で示される文の中の情報構造，さらには，topic sentence（話題文）と supporting sentences（支持文）で示される談話構造は，いずれも目で確認できる単位ではなく，読者自身が自身の言語能力および英文の内容に関する背景知識を頼りに認知する必要がある関係性です。

　日本の中学校や高校でのリーディングの授業での指導範囲は，パラグラフを扱っている場合でも，とかく，レベルII（SVOやSVCで表される文型理解）に止まりがちです。最近でこそ，コミュニケーション志向の高まりの中で，トピック・センテンスやそのトピックを支える支持文の指導も行われるようになってきましたが，リーディング指導の多くが，テキスト内インタラクションの中でも，文レベルでの統語面でのインタラクションの理解，つまり文型理解に止まっている可能性があります。その理由としては，リーディング指導が，学習指導要領で勧められているコミュニケーションのための指導というよりは，もっぱらテキスト内で使用されている語彙や文法事項の理解と定着に主眼が置かれていることが考えられます。

　しかしながら，効果的なリーディング指導においては，レベルIからレベルVIまでを視野に入れる必要があります。加えて，上図には含まれていませんが，レベルVII，つまりパラグラフとパラグラフの関係まで視野に入れる必要があります。実際の一冊の本の読解においては，パラグラフの集まりである章（chapter）や章同士の関係まで視野に入れることになりますが，教室での教科書を使ってのリーディング指導においては，レベルIIから始まって，当該レッスンの題材に含まれるパラグラフ間の関係（レベルVII）までが一応の守備範囲となります。

　このように，レベルIからレベルVIIまでが英語授業で扱うテキスト内インタラクションの範囲となりますが，本章では，便宜上，レベルIIIまでを文レベルのインタラクション，レベルIV以上を談話レベルのインタラクションとして議論を進めます[1]。

2. 文レベルでのインタラクション

(1) 語彙的リーディングの弊害

　英語，日本語に限らず，我々が文の内容を理解しようとする場合，文に含まれる語彙しかも名詞，動詞，形容詞などの内容語に注目し，その語彙的意味から文の大まかな内容を理解しようとします。Hatch (1979) も，この点に関して次のように述べています。

> もし我々が内容語を認知でき，加えて自分たちが持っている背景知識を利用すれば，必ずしも統語構造に注意を払わなくても，我々が読む内容についてかなり適切な推測をすることができる。(p. 137)

英文の理解においても，なるほど，内容語さえ理解できれば，トップダウン的な読み方で英文の意味はある程度理解可能です。ただし，この語彙の理解を軸とした読み方が危険であることは，すでに序論で紹介ずみです。

I surely know for an average Japanese person a trip to Europe is very special. （迷訳：ヨーロッパに特別な旅行をした日本人を知っています）

英文の意味を正確に把握するためには，機能語や内容語相互の関係に留意したボトムアップ的読み方も必要になってきます。その中でも特に，英語の文型（文構造）を意識した読み方が必要になってきます[2]。

(2) リーディングにおける文型理解の重要性

　次に示すのは，アメリカの作家スタインベック (Steinbeck) の随筆からの抜粋です[3]。

All our children play cowboy and Indian; the brave and honest sheriff who with courage and a six-gun brings law and order and civic virtue to a Western community is perhaps our most familiar hero, no doubt

> descended from the brave mailed knight of chivalry who battled and overcame evil with lance and sword.

セミコロンの後の一文に注目してください。全部で47語も使われていますが，1つのセンテンスです。内容語を軸とした語彙的リーディングだけで内容を理解するには，単語が多すぎます。しかも，文型の要とも言える述語動詞を見つけ出すにしても，動詞だけでも6つも含まれています。この長い英文の意味を正確に理解するためには，これら6つの動詞の中で，述語動詞となる一番大切な動詞が *is* であることに気づき，以下のような文型理解に至ることが必要です。

> the brave and honest **sheriff** who with courage and a six-gun brings law and order and civic virtue to a Western community

is perhaps

> our most familiar **hero**, no doubt descended from the brave mailed knight of chivalry who battled and overcame evil with lance and sword.

つまり，5文型の中の第2文型（SVC）として理解することが求められます。かつ，主語（S）と補語（C）の中で核となる名詞がそれぞれ *sheriff* と *hero* であることが分かれば，「保安官は英雄だ」という基本的な意味も理解できます。このような読み方は一般にチャンク・リーディングと呼ばれますが[4]，チャンク・リーディングができるようになるためには，まずは，文型の構成単位をチャンクと考える必要があります[5]。

　文型指導と言えば，一般に，高等学校から明示的に指導される5文型の指導からと考えられています。しかし，文型指導は何も5文型と関連づける必要はありません。文型の構成要素をチャンクと考える指導は，中学校1年次からでも可能です[6]。たとえば，入門期レベルの次の2つの英文を比較してみましょう。

　　a) This is Japan.　　b) This is my country.

あまりに短い英文なので，内容を理解するのに文型理解は必要ないかもしれません。Hatch (1979) が指摘しているように，内容語に注目するだけで文意は把握することができます。実際，この種の簡単な英文を扱う場合，文型指導をされる先生は少ないと思います。しかし，何事も最初が肝心。このレベルから文型指導をすることが，高等学校段階での文型指導，ひいては正確な英文読解に繋がっていくのです。以前，中学校で教えていた頃，以下のような方法で生徒たちの文型理解を促進していました。

	センテンス	単語	文型	認知
(a)	This is Japan.	○○○	□□□	2＋3
(b)	This is my country.	○○○○	□□□	2＋3×2

単語の数は (a) の文が3つ，(b) の文が4つですが，文型の構成要素はともに3つとなっています。中学1年次の生徒たちは，最初，単語が4つであるのにもかかわらず文型の要素は3つということに少し抵抗を覚えていましたが，認知の欄に示されている計算式に加えて，以下のように文型の構成要素をチャンクとして提示することによって，中学生にふさわしい文型理解が促進されました。

携帯電話でもガラ携の計算機能で，認知の欄の 2＋3×2 の計算式を計算すると答えは機種にもよりますが，たいがいは 10 となります。文型理解ができていない携帯電話ということになります。スマホの計算機能では 8 という正解が示されますが，2＋(3×2) というチャンキングがプログラムされているようです。私案ですが，文レベルのインタラクションはこのレベルのチャンクの概念を使った文型理解から始めるべきだと考えてきました（伊東，1982；伊東，1993）。

英文読解にチャンクの概念を活用することに加えて，外国語の学習それ自体をチャンクの拡充・多様化として捉えます。次の英文をご覧ください。

① This is a camera.
② This is a nice camera.
③ This is a camera made in Japan.
④ This is the camera I bought in Japan.
⑤ This camera is very expensive.
⑥ This new camera is very easy to handle.
⑦ All you have to do is just to press this shutter.

単語の数が増え，文もだんだん長くなっていますが，いずれも A is B の文型に属しており，① の英文も ⑦ の英文も同じように理解される必要があります。このような単語の数や文の長さに影響されない文型理解ができるようになれば，冒頭に上げたスタインベックの英文も理解できるようになります。A のチャンクには 22 語，B のチャンクには 23 語が含まれていますが，上の ① から ⑦ の英文と同じように理解できるようになるのです。

(3) 言語本質論との関連性

　外国語の学習をチャンクの拡充・多様化のプロセスとして捉えることは，言語の本質をどう捉えるかという問題と関連してきます。第二次大戦後，アメリカから構造言語学と行動主義心理学に基づくオーラル・アプローチの考え方が導入された関係で，我が国の英語教育においては，伝統的に「言語は音声である」という音声優先主義が主流となっています。すでに第 1 章でも触れましたが，オーラル・アプローチの提唱者である C. C. フリーズは次のように音声の優先性を指摘しています (Fries, 1945, p. 6)。頻繁に引用されていますので，原文も添えて示します。

> The speech is the language. The written record is but a secondary representation of the language.
> （音声こそ言語である。書かれたものは言語の第二次的な表象にすぎない）

我が国の文部省・文部科学省も伝統的にこの立場を堅持しており，現在，

小学校で行われている外国語活動も，聞くことと話すことを中心に展開するように勧めています。

　この音声優先主義とは異なる言語本質論を展開しているのが，現代言語学の祖と言われるソシュールで，「言語は形態であって実体ではない」（ソシュール，1940; 1972, p. 171）と述べています。日本におけるソシュール研究の第一人者であった仏語学者の丸山圭三郎氏（丸山，1975）は，次のようなことばでソシュールの言語本質論を敷衍しています (p. 44)。

> 言語はその現れである物理的材質（＝実質）ではなく，各要素間の対立関係の網（＝形相）から生まれる機能の体系なのである。

つまり，言語の本質は形相であり，言語を我々の耳や目で直接的に確認できない関係概念の体系として捉える立場です。英語リーディングにおける文型理解の重要性を唱える立場ではこの本質論を支持します。

　また，心理学の分野においても，子どもの脳は混沌あるいは連続体の中からパターンを認識することで発達するということがよく知られています。人工知能の観点から人間の認識作用を研究した渡辺慧氏も，「パタンを認めるということは，すべての思考の共通地盤にある，最も基本的な心の働き」(1978, p. 15) であると述べています。リーディング指導において，このパターン認識の重要性を強調しているのが Mikulecky (2011) で，次のように述べています。

> 言語学習のあらゆる段階において，パターンへの気づきは習得を促進する。リーディングには，この点は特に重要な意味をもつ。英語の音素，綴り字，統語構造，談話におけるパターンを認識できるようになる学習者は優れた読み手になる。よって，パターン探索と認知の方略を教えることはリーディング指導の重要な要素となる。(p. 6)

冒頭に示したパラグラフの内部構造の中で点線で示された目に見えない関係性を把握することの重要性が謳われています。単語や文のつながり（連続体）を意味のある単位に分けることが，いかに大切であるか理解できます。まさに，「分ける」ことによって「分かる」のです。日本語の漢字はよくで

きています。

(4) リーディングに必要な構文理解を妨げるもの

ここでは，上で触れた文の基本構造を示す文型も含めて，英文の中に存在する統語的関係性を広く構文として捉えて，その構文理解を妨げると思われる言語的要因について，具体例（英文とその迷訳）を交えて考察します。構文理解を妨げる言語的要因としては英語に備わっている様々な言語的特性が候補に挙げられますが，ここでは特に，動詞の ing 形，後置修飾，等位接続詞 (and と or) に注目します。いずれも，英文に含まれる統語的関係性を的確に理解する上で，日本人英語学習者にとって特に大きなハードルになっていると考えられるからです。

1) 多様な働きをする動詞の ing 形

構文理解を妨げる言語的要因としてまず注目すべきは動詞の ing 形です。なぜなら，多様な統語的関係の中で使用されるからです。具体的には，中学 1 年次で導入される現在進行形で使われる現在分詞 (He is *playing* tennis now.) に加えて，名詞を修飾する現在分詞 (a *sleeping* baby)，先行する感覚動詞と一緒に使われる現在分詞 (hear birds *singing*)，名詞・名詞句を後ろから修飾する現在分詞 (the boy *talking* with Kumi)，分詞構文で使用される現在分詞 (*Turning* to the left, you will see a tall building.)，など現在分詞としての ing 形だけに限定しても実に多様なコンテクストで使用されます。加えて，動詞の ing 形は動名詞としても機能しますが，合成語の一部として使用されたり (a *dining* car)，文の主語として使用されたり (*Mastering* English in a week is impossible.)，目的語として使用されたり (I like *playing* soccer.)，補語として使用されたり (My hobby is *listening* to classical music.)，こちらも多様なコンテクストで使用されます。単一の動詞 eat の ing 形に限定しても，その使われ方は，次の例文が示すように，まちまちです。

① Mary has been **eating** healthy food for years.
② Mary has a healthy **eating** habit.
③ Mary's hobby is **eating** delicious food.

④ I saw Mary **eating** dinner with her friend.
⑤ **Eating** healthy food keeps people in a good shape.
⑥ People **eating** healthy food tend to live long.
⑦ Mary enjoyed her simple life, **eating** healthy food.
⑧ **Eating** healthy food, Mary recovered from illness gradually.

学習者が読み始めたテキストの中で動詞 eat の ing 形に遭遇すると，その ing 形が ① から ⑧ のうち，どの機能で使用されているのか瞬時に判断しなければなりません。その判断を間違えると，内容理解に多かれ少なかれ支障が出てきます。

　動詞の ing 形が実際どのように英語の構文理解を妨げるのか，最近の授業で使用した英字新聞の記事からの抜粋に学生から寄せられた迷訳を添えて説明します[7]。

> （A）Mohsen was captured on video **carrying** Zaid when camerawoman Petra Laszlo tripped him and sent him **tumbling** to the ground in a field full of other migrants **running** from authorities near the Hungarian village of Roszke.
> 迷訳：モーゼンは，カメラウーマンのペトラ・ラズロが，彼をこかせ，他の移民であふれている地面に転倒させ，ハンガリーの警察から逃れてきたとき，ザイドを運んでいるのをテレビでとらえた。

1 行目の carrying は「ザイド君を抱えているところを撮影された」という意味で，また 2 行目の tumbling は〔send＋人＋〜ing〕の現在分詞としてきちんと理解されていますが，この迷訳の最大の問題点は，running が後置修飾のシグナルとして機能していることが理解されておらず，結果的に other migrants running from authorities が 1 つのチャンクを形成していることが把握できていない点です。次の例をご覧ください。

> （B）Schools closed and rush-hour roads were much quieter than normal as Beijing invoked its first-ever red alert for smog Tuesday, **closing** many factories and **imposing** restrictions to keep half the city's vehicles off the

roads.

迷訳： 北京で火曜日にスモッグのために初めて緊急非常警告を出したので通常時よりラッシュアワーの道は非常に静かで，学校は閉まっていた。そして，多くの工場を閉鎖し，都市の車両の半分を防ぐために交通規制をした。

1つの英文に6つの動詞が含まれていること自体，この英文の構文理解を妨げる要因になっていますが，そのうち2つの動詞のing形の機能，特に他の動詞 (closed, were, invoked) で示されている事実との前後関係がきちんと理解されていません。本来は，〔invoked〕→〔closing と imposing〕→〔closed と were〕の順番になるところ，〔invoked〕→〔were と closed〕→〔closing と imposing〕となっています。つまり，学校が臨時休校になり，道路がいつもより静かになったのは，当局が非常事態を宣言し，工場を閉鎖し，交通規制を実施した結果であることが理解されていません。このような迷訳になる原因の1つは，高校の授業などで直読直解の方針に従って英文はなるべく前から順番に理解するように指導され，上の英文を訳出する時にもなるべく前から順番に訳出した結果だと思われます (下の図A参照)。筆者も直読直解には基本的に賛成です。ただ，複数の動詞を含む複雑な英文 (結果的に長くなる英文) を正確に理解する場合は，とりあえず前からセンス・グループ単位で「理解」していきますが (「訳出」ではありません)，その理解

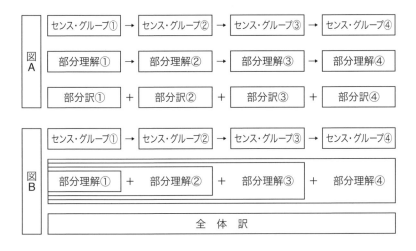

は前ページの図Bが示すように，直線的であっても，決して図Aのように分断された理解ではなく，直前の理解を含めての理解であるべきだと考えています。英文理解そのものに関しては各センス・グループの理解が完了した段階で一応の作業は終わりますが，仮に最後に和訳を求められる場合は，図Bで示されている直読直解を総合して訳出していくことが必要になってきます。直読直解は前から順番に理解することであって，前から順番に訳出していくことではありません。つまり，直読直解を直読直訳と勘違いしてはならないのです。なぜなら，図Aの各部分訳をつなげたものが，図Bの全体訳と一致する可能性はそれほど高くないからです。とにかく前から順次訳出してしまう学習者には，この点をしっかり理解してもらう必要があります。

2) チャンクの拡大を要求する後置修飾

　チャンクの拡大を要求する後置修飾も英文の構文理解を妨げる大きな言語的要因です。次の例文をご覧ください。

① Mr Smith is from New York.
② Mr Smith is the head of the English department.
③ The person talking with a young lady is Mr Smith.
④ The person you met at the meeting yesterday is Mr Smith.
⑤ Mr Smith is the best person to contact to get further information.

これらの英文を正確に理解していくためには，文型の構成要素となるチャンクの拡大にきちんと対応できなければなりません。しかし，そう簡単ではありません。以下に示すのは，大学の一般英語の授業で扱った英字新聞の記事からの抜粋と学生から寄せられたその迷訳です[8]。
　まずは，すでに動詞のing形のところで紹介したヨーロッパにシリア等からの難民が押し寄せていたときのエピソードです。

(A) The Syrian refugee who was tripped at a border hotspot by a Hungarian journalist in an incident that generated global outrage arrived in Madrid early Thursday with hopes of rebuilding his career and giving his

family a new life.
迷訳：新しい生活，キャリアを再築するという希望をもって木曜の早朝マドリードに到着したシリア難民がハンガリーのジャーナリストに政治的に不安定な国境辺りで転ばされたという事件は国際的ないかりを生んだ。

この英文にも tripped, generated, arrived, rebuilding, giving という5つの動詞が含まれており，非常に息の長い英文になっています。ここでの迷訳の一番の問題は，arrived が一番大切な動詞（述語動詞）であるということが理解できていない点です。それは，2つの関係代名詞（who と that）による後置修飾がきちんと理解されていないことに起因しています。この2つの関係代名詞による後置修飾が理解できていれば，〔The Syrian refugee who was tripped at a border hotspot by a Hungarian journalist in an incident that generated global outrage〕を1つのチャンクとして把握することができ，その結果この英文の述語動詞が arrived であることが理解できていたかもしれません。

次に示すのは，大村智氏がノーベル生理学・医学賞を受賞したことを報じた記事からの抜粋とその迷訳です。

(B) The institute praised the winning discoveries as having provided humankind with powerful new means to combat these debilitating diseases that affect hundreds of millions of people annually.
迷訳：その機関は，人類に力強く新しい戦うための手段を与えて，毎年何百万人もの人に影響を与える体を衰弱させる薬を与えた。

この英文にも，praised, winning, provided, combat, debilitating, affect という6つの動詞が含まれており，それらの相互関係を理解するためにはこの英文の基本構造（骨格）を理解することが不可欠ですが，それがまったくできていません。よって，訳出にあたっては，序章で触れた「根拠のない推測」に頼らざるを得なくなっています。とくに問題なのは，2つの後置修飾を含む表現〔powerful new means **to** combat these debilitating diseases **that** affect hundreds of millions of people annually〕を，provide A with B

の構文のBを構成する1つのチャンクとして把握できていない点です。もし，それができれば，この複雑な英文が，The institute praised the discoveries as having provided humankind with means. という「骨格文」に還元されることが理解され，迷訳では訳出されていない〔praised the winning discoveries as 〜〕の部分もきちんと訳出されていたかもしれません。

次に示すのは，パリでの同時多発テロを報じた記事からの抜粋とその迷訳です。

> **(C)** The coordinated assault came as France, a founder member of the U.S.-led coalition waging airstrikes against ISIL in Syria and Iraq, was on high alert for terrorist attacks ahead of a global climate conference due to open later this month.
> 迷訳：協調的な強襲を受けたフランスは，今月末に地球環境会議が開かれる予定であったので，テロリストへ厳重な警戒をアメリカのled連合の初期メンバーで，シリアとイラクのISILを反抗し空爆に踏み切っていた。

「アメリカのled連合」という奇妙な理解も問題ですが，この迷訳の最大の問題点は，この英文の述語動詞（一番大切な動詞）がcameであることが理解されていない点です。その理解を妨げているのは，〔came as France,〕のカンマによって示された形式的な区切りに惑わされて，〔France, a founder member of the U.S.-led coalition waging airstrikes against ISIL in Syria and Iraq〕をその後に続くwasの主語となる1つのチャンクとして把握できていないことに求められます。そのためには，wagingがここで問題にしている後置修飾のシグナルとして機能していることを理解することも必要です。その後置修飾構文が理解できれば，〔France〕と〔a founder member of the U.S.-led coalition waging airstrikes against ISIL in Syria and Iraq〕が同格関係にあることが理解でき，さらにasが接続詞として機能しており，最終的にもとの英文が，The assault came as France was on high alert for attacks. という簡潔な骨格文で示されることが理解でき，結果的に上で紹介した迷訳は防げたかもしれません。

次に示すのは，同時多発テロから1週間が過ぎたパリの様子を報じた記

事からの抜粋とその迷訳です。

> (D) Tension was still high in Paris at the end of a week in which there were scores of false alarms, episodes of crowd panic and a seven-hour gunfight that left the suspected mastermind of the attacks dead.
> 迷訳：緊張は，間違った内情があるパリで，1週間たってもまだ続いており，7時間におよぶ銃撃戦の後，疑いのあった首謀者は死亡した。

この迷訳も，上で指摘した，英文の全体構造に注意を払わずに，ただ英文の流れにそって前から訳出していく「直読直訳」の弊害の現れとも考えられます。もちろん，場合によっては，前から順番に訳出していっても，ほぼ正確な情報を伝える和訳になる場合もありますが[9]，その場合でも，迷訳のように首謀者の死亡が銃撃戦の後に来るような解釈は避けなければなりません。実際，前から順次訳出していって最終的に事実誤認のない和訳を完成するのは，プロの翻訳家にとってはごく普通のことかもしれませんが，英語学習者にとっては至難の業です。筆者は，少しぐらい日本語としてぎこちない表現になったとしても，なるべく英文の基本構造に即した形の和訳（英語的な日本語）を学習者に勧めています。ここで取り上げている英文で言えば，2つの後置修飾を含む〔a week in which there were scores of false alarms, episodes of crowd panic and a seven-hour gunfight that left the suspected mastermind of the attacks dead〕を1つのチャンクとして把握した上で，英文全体を訳出することを勧めています。

次に示すのも，同じく同時多発テロから1週間が過ぎたパリの様子を報じた記事からの抜粋とその迷訳です。

> (E) The man David was trying to resuscitate was Brahim Abdeslam, one of those involved in a series of deadly attacks that killed 130 people at bars, restaurants, a soccer stadium and a music hall.
> 迷訳：ディビッドはブラヒム・アデスラムを蘇生させようとした，バー，レストラン，サッカースタジアム，音楽ホールで130人が殺されたひどい攻撃にこれらの1つは関わった。

この英文にも，3つの後置修飾が含まれており，それが〔The man David was trying to resuscitate〕と〔Brahim Abdeslam, one of those involved in a series of deadly attacks that killed 130 people at bars, restaurants, a soccer stadium and a music hall〕をそれぞれ1つのチャンクとして把握し，それらが述語動詞 was で連結されていることを理解するのを妨げています。要するに，この英文が，5文型の中の第2文型（SVC）を構成していることが理解されていません。もちろん，〔Brahim Abdeslam〕と〔one of those involved in a series of deadly attacks that killed 130 people at bars, restaurants, a soccer stadium and a music hall〕が同格関係にあることを見抜く力も当然必要になってきます。

　以上，後置修飾が英文理解を妨げている事例を紹介してきましたが，これらの後置修飾構文の理解を難しくしている理由は2つあります。1つは，修飾の方向性が日本語とは逆になる点で，もう1つは，チャンクを拡大し，序章で触れた理解域を長く保つことが要求される点です。

　ここで取り上げたような後置修飾を含む複雑な英文の理解を支援するためには，後置修飾の方向性，つまり日本語とは逆の修飾方向に注目させるだけでなく，後置修飾がより大きなチャンクを形成する手段になっていることにも学習者の注意を向ける必要があると思います。しかし，チャンクが大きくなりすぎると，学習者の作業記憶が限られている場合が多いので，それぞれのチャンクの中の核となる名詞・名詞句を特定した上で，複雑な英文を簡潔な骨格文に集約して，その骨格文の理解をもとに，もとの複雑な英文の理解へと導いていくことが効果的です。この点については，第3章で和訳について考察する際に示す基本訳と全体訳のところで，改めて触れることにします。

3）　等位接続詞 and (or) が意外に難関

　等位接続詞 and と or は，中学1年次から学習している基本中の基本であるため，語彙や文法の定着を目指す学習活動としてのリーディング指導においてもほとんど指導の対象にならないものですが，英文構造の正確な理解を妨げる可能性があり，英文読解にとっては意外に難関です。以下の(A)〜(C) の英文は大学の一般英語の授業で使用した教科書[10]からの抜粋と学生によるその迷訳です。

(A) Freud reasoned that in order to cure a sick mind it was necessary to make a person aware of the memories **and** conflicts hidden in his unconscious mind. (p. 65)
　迷訳：フロイトは心の病を治すためには，人に記憶と彼の無意識の中にある葛藤に気付かせることが必要だと言った。

迷訳から判断する限り，〔the memories and conflicts hidden in his unconscious mind〕が後置修飾構文であることは理解されていますが，and に関わるチャンキングが不適切です。本来，the〔memories〕and〔conflicts〕hidden in his unconscious mind とすべきところ，〔the memories〕and〔conflicts hidden in his unconscious mind〕として訳出しています。

(B) Although Beethoven was too much of a perfectionist to produce a great quantity of music, his compositions are among the greatest **and** best-loved music of the West. (p. 75)
　迷訳：ベートーベンはすばらしい質の音楽を作り出すのにあまりに完璧主義者だったので，彼の曲はどれもすばらしくて西洋の最も愛される音楽になった。

Although を「ので」と訳している点，かつ，Although 以下の従属節の中の中心的内容が「ベートーベンが完璧主義者であった」ことよりも「作曲数が少ないこと」であることが理解されていない点も問題ですが，やはり and に関わるチャンキングが不適切です。the《〔greatest〕and〔best-loved〕》music of the West とすべきところ，〔the greatest〕and〔best-loved music of the West〕として訳出されています。

(C) Although his genius overflowed the bounds of any school **or** style of music, Beethoven is generally considered the last of the classical and first of the romantic composers. (p. 74)
　迷訳：彼の音楽のスタイルや学校の音楽があふれていたとしても，ベートーベンは一般的にクラシックの最後，ロマンチック作曲家の最初の人だと考えられています。

genius「才能」がまったく訳出されていない点，overflowed the bounds「制限から溢れた」がうまく訳出されていない点，意味のネットワークの狭さ（序章参照）から school を「学校」と訳出している点はさておき，まず or に関わるチャンキングに問題があります。本来，overflowed the bounds of any《〔school〕or〔style〕》of music（音楽のいかなる学派やスタイルの制限から溢れた）とすべきところを，overflowed〔the bounds of any school〕or〔style of music〕として，かつ bounds を sounds に置き換えて，訳出しています。
次に and に関しては少々複雑な構文で，本来，

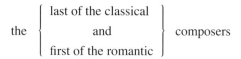

と理解すべきところ，〔the last of the classical〕and〔first of the romantic composers〕として訳出しています。classical が後の composers を形容する形容詞であることが見抜けず，かつ first の前に the がついていないことを無視して，機械的に A and B として訳出してしまった結果です。

次に示す (D) と (E) は授業で扱った英字新聞に掲載された記事からの抜粋です[11]。まず，(D) は Aung San Suu Kyi 氏が率いる NLD が選挙で大勝利を収めたことを報じたものです。

> **(D)** The military ruled the country with an iron fist for half a century, killing, jailing **and** silencing dissenters **and** flat-lining the economy with madcap policies **and** rampant corruptions.
> 迷訳：軍の支配は，半世紀の間，殺したり捕まえたり，反対者を無理矢理黙らせたり，むてっぽうな政策とはびこった汚職によって経済を停滞させた。

この英文は，大まかに次のような構造になっています。

> The military ruled the country with an iron fist for half a century,〔killing, jailing **and** silencing dissenters〕**and**〔flat-lining the economy with

madcap policies **and** rampant corruptions〕.

1文の中にandが3つも使用されていますが，迷訳では最初のandに関わるチャンキングに難点があります。本来，〔killing〕,〔jailing〕**and**〔silencing〕dissentersとすべきところ，〔killing〕,〔jailing〕**and**〔silencing dissenters〕として訳出されています。3つの動詞が目的語を共有していることが見抜けていません。

次は，2015年10月10日にトルコで発生した自爆テロを報じた記事からの抜粋とその迷訳です。

(**E**) The attacks Saturday came at a tense time for Turkey, a NATO member that borders war-torn Syria, hosts more refugees than any other nation in the world **and** has seen renewed fighting with Kurdish rebels that has left hundreds dead in the last few months.

迷訳：土曜日の攻撃は戦争で引き裂かれたシリアと国境を接しているNATOメンバーであるトルコにとって緊張した時期に起こり，トルコは世界の他のどの国よりも難民をかかえ，過去数ヶ月で数百人もの死者を残してきたクルド人の反対勢力との新たな戦いが見られる。

等位接続詞andだけでなく，同格関係や後置修飾が含まれているため，複雑な構文になっています。基本構造は次のようになっています。

The attacks Saturday came at a tense time for《Turkey, a NATO member that〔borders war-torn Syria〕,〔hosts more refugees than any other nation in the world〕 **and** 〔has seen renewed fighting with Kurdish rebels that has left hundreds dead in the last few months〕》.

学生の迷訳は，訳としてはかなり精度の高いものですが，やはりandの前後のチャンキングに問題があります。andは1つしか使われていませんが，上で触れた後置修飾が含まれているため，〔borders war-torn Syria〕と〔hosts more refugees than any other nation in the world〕と〔has seen renewed fighting with Kurdish rebels that has left hundreds dead in the last few months〕を A, B and C の 3 つのチャンク (A, B, C) として，さらに Turkey 以下をより大きな 1 つのチャンクとして理解することを難しくしています。

さて，ここで紹介した迷訳に共通しているのは，A and B（さらには A, B and C）の繋がりで A と B（さらには A と B と C）の中身が正確に読み取れていない点です。多少の例外もありますが，A and B の場合，基本的に A と B のチャンクが内容面のみならず形式的にも左右対称となります。しかしながら，ここで紹介した迷訳から分かるように，この左右対称の原理が学習者にはなかなか理解されないようです。その結果，and の前後のチャンキングが不正確で，正しい構文理解を妨げているのです。この左右対称という原理が正しく理解されていれば，上の迷訳はある程度防ぐことができたと思います。

指導に当たっては，A and B の場合には，A と B の「左右対称性」を，A, B and C や A, B, C and D の場合には，A，B，C（さらに D）の「並立性」，つまりそれぞれが形式的にも内容的にも同じ種類やレベルに属することを，口を酸っぱくして指導する必要があります。上の (C) で取り上げた "Beethoven is generally considered the last of the classical **and** first of the romantic composers." を例に取るならば，次のような段階を踏んで指導すると効果的です。

第 1 段階：〔　A　〕and〔　B　〕の中の A チャンクの終わりの単語と B チャンクの始まりの単語を押さえさせます。

第 2 段階：〔　　classical〕and〔first　　〕を提示し，A チャンクの始まりの単語と B チャンクの終わりの単語を推測させます。これは，とりもなおさず，A チャンクの前に来る単語と B チャンクの後に来る単語を推測させることと同じことになりますが，ここで最も重要なのは，A チャンクと B チャンクの左右対称性に学習者の注意を向けることです。

第 3 段階：学習者からの様々な回答を集約する形で，the〔last of the classical〕and〔first of the romantic〕composers を提示し，A チャンクと B チャンクの左右対称性を理解させます。

第 4 段階：A チャンクと B チャンクの左右対称性を立体的関係図で提示

します。

$$\text{the} \begin{Bmatrix} \text{last of the classical} \\ \text{and} \\ \text{first of the romantic} \end{Bmatrix} \text{composers}$$

このステップを踏むことによって，始めてベートーベンが一般的に「古典派の作曲家の最後であり，ロマン派の作曲家の最初」と考えられていることが学習者に理解されることになります。授業を英語で行うにしても，和訳を活用するにしても，ここで示したようなチャンクを軸とした構造図を示さない限り，正確な理解は保証できないと思われます。

実は，ここで取り上げた and が多用されるのは学術論文の中です。次に示す (F) は，Richards (2008) の "Growing Up with TESOL" という論文からの抜粋です[12]。

(F) Personality, motivation, **and** cognitive style may all play a role in influencing the learner's willingness to take risks, his or her openness to social interaction **and** attitudes towards the target language **and** users of the target language. (p. 9)

この英文の内容を正確に理解するためには次のようなチャンキングが不可欠です。

〔*Personality, motivation,* **and** *cognitive style*〕 may all play a role in influencing 《〔the learner's *willingness* to take risks〕, 〔his or her *openness* to social interaction〕 **and** 〔*attitudes* towards [the target language] **and** [users of the target language]〕》.

最初の and はさほど問題ではありませんが，2つ目の and を〔A, B and C〕の and として理解し，斜体字の *willingness, openness, attitudes* が influencing の目的語になっていることを見抜く必要があります。

もう1つ，同じく Richards (2008) からの抜粋です。中に含まれる2つ

の英文にはandが全部で7つも使われています。

> (G) In order to manage schools efficiently **and** productively, it is argued, it is necessary to understand the nature of the organizational activities that occur in schools, the problems that these activities create, **and** how they can be effectively **and** efficiently managed **and** controlled. These activities include setting **and** accomplishing organizational goals, allocating resources to organizational events **and** processes, **and** setting policies to improve their functioning. (p. 7)

7つのandに加えて，これまで取り上げてきた構文理解を妨げる要素がふんだんに盛り込まれています。andの前後のチャンクを正確に認識し，文型を正確に把握し，文意を的確に理解することは至難の業です。最初の英文の基本構造は次のようになっています。

In order to manage schools〔efficiently〕**and**〔productively〕, it is argued, it is necessary to understand《〔the nature of the organizational activities that occur in schools〕,〔the problems that these activities create〕, **and**〔how they can be [effectively] **and** [efficiently] [managed] **and** [controlled]〕》（学校を効率よく生産的に管理するためには，学校で生起する組織としての活動の性格や，これらの活動が惹起する問題点，およびそれらの活動が効果的かつ効率的に実施され制御される方法を理解することが必要であると主張されている）

2つ目の英文の基本構造は次のようになっています。

These activities include《〔[setting] **and** [accomplishing] organizational goals〕,〔allocating resources to organizational [events] **and** [processes]〕, **and**〔setting policies to improve their functioning〕》（これらの活動は，組織としての目標を設定・達成することや，組織としての行事や活動に対して資金・人材を割り振ること，およびそれらの活動の機能を改善するための方針を設定することを含む）

このように，学術論文にはandがふんだんに盛り込まれ，個々の英文が長く複雑になる傾向がありますので，andの前後のチャンクを正確に認識しながら文の基本構造を正確に把握し，文意を的確に掴むことは学術論文の内容を正しく理解する上でとても大切です。

　以上，英語リーディングに必要な正確な構文理解を妨げる要素として，動詞のing形，後置修飾，等位接続詞に着目し，それぞれが正確な英文理解を妨げている事例を紹介してきました。いずれの場合にも，最終的には，表面的な英単語の並びを意味のあるチャンクに分けることが理解の鍵となっていることがご理解いただけたと思います。

　英語の難しさは，上で紹介してきたような正しいチャンキングができるための手がかりが表面上にはきちんと示されていない点です。その表面には出てきていない関係性(形相)を正しく認識できるように支援することもリーディング指導に携わる英語教師の大きな役割だと思います。その隠れた関係性を明示的に示してくれるのが，次に紹介するセンテンス・マッピングの手法です。

(5)　センテンス・マッピングの効用

　文の中の構成要素間のインタラクションつまり相互関係を示すための方法としては，これまでいくつかの方法が示されてきました。たとえば，構造言語学で文の分析に活用されたIC (immediate constituent) 分析や，初期の変形文法で活用された樹形図 (tree diagram) などはその一例です。本節では，センテンス・マッピング (sentence-mapping) と呼ばれる手法に注目します。その具体例をde Beaugrande (1980) からヒントを得て紹介します。まず，次の英文をご覧ください。

A great black and yellow rocket stood in a New Mexico desert.

この英文の中の目に見えない関係性を，de Beaugrande (1980) は次のようなセンテンス・マッピングで示しています[13]。

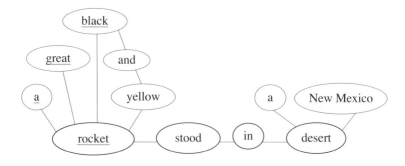

　この図の中の最下層にある 4 つの単語 (rocket, stood, in, desert) だけで元の英文の基本的な意味は理解できます。その基本的な意味「ロケットが砂漠に立っていた」から，枝葉の部分も加味して，文全体の意味「大きくて黒くて黄色いロケットがニューメキシコの砂漠に立っていた」を理解していきます。基本的な意味だけを示した英文は kernel sentence と呼ばれることがありますが，筆者はこの考えを和訳の中で活用し，基本訳と名付けています。基本訳に関しては，第 3 章第 3 節「和訳を媒介とした英語と日本語のインタラクション」をご参照ください。必ずしも同じとは言えませんが，寺島・寺島 (2004) の「センとマルとセン」で英語の基本形を身につけさせる方法も基本的には同一線上にあると考えられます。

(6) 語順と情報構造

　英文を正確に理解するためには語順に留意すべきだとよく言われます。その通りだと思います。ただ，英文の語順には，"John wrote a poem." を例に取ると，次の図が示すように，3 つのレベルが存在しています (cf. Firbas, 1974, p. 16)。

レベル	John	wrote	a poem
意味論	Agent	Action	Goal
統語論	Subject	Verb	Object
情報論	Theme	Transition	Rheme

従来の文レベルでの読解では，語順の中でも統語レベルでの語順（パラグラフ構造のレベルII），つまり5文型に代表される文構造に焦点が当てられていました。文意もさることながら，主語が何で，目的語が何でという指導法です。もっとも，5文型の代わりに「誰が，どうした，何を」という日本語による手がかりで英文読解の指導をされている先生もいらっしゃると思います。これは，どちらかと言えば意味レベルでの語順に焦点化した指導だと考えられます。いずれにしても，語順を情報レベル（パラグラフ構造のレベルIII）で考える指導は主流にはなっていなかったと思います。本章の冒頭で指摘したように，テキストは意味の単位であって，たとえ文であってもテキストとして見なすことができます。そして，英文をテキストとして見なせば，語順にも別の意味合いを付与することが必要になってきます。つまり，語順を情報レベルで考え，対象となる英文の情報構造に焦点を当てるやり方です。

　大学の英語教育関連の授業で，よく次の日本語文を提示し，その英訳を学生に求めました。

　ブラジルではポルトガル語が話されています。

ほとんどの学生が，"Portuguese is spoken in Brazil." と答えます。おそらく，「話されている」という日本語ですぐに "is spoken" という受け身表現やそれに付随して学習したであろう "English is spoken in many countries." という例文が想起されたためだと考えられます。そこで，今度は，学生から提示された "Portuguese is spoken in Brazil." を日本語に訳すように求めます。すると，学生たちは決まって「ポルトガル語はブラジルで話されています」という日本文を返してきます。そこで整理します。

① ブラジルではポルトガル語が話されています。
② Portuguese is spoken in Brazil.
③ ポルトガル語はブラジルで話されています。

ここで初めて大半の学生は，自分たちが提示した②の英文は③の英訳であって，①の英訳にはなっていないことに気づきます。なかにはどうして

も「話されている」=「is spoken」の呪縛から解き放されないままの学生もいます。そこで，次に，英文の語順を情報論のレベルで分析すると，トピック（テーマ）が先に来て，コメント（レーマ）が後に来ることを紹介します。一方，日本語の場合は，格助詞「は」はトピックのシグナルで，格助詞「が」はコメントのシグナルとして機能します。このトピックとコメントの関係は，いわゆる旧情報と新情報の関係に置き換えることが可能です。「ブラジルではポルトガル語が話されています」という日本文においては，「ブラジル」がトピック（旧情報）で，「ポルトガル語」がコメント（新情報）になります。よって，つぎのような構図ができあがります。

トピック	→	コメント
ブラジル	→	ポルトガル語
Brazil	→	Portuguese

学生たちが提示した "Portuguese is spoken in Brazil. では，〔Portuguese → Brazil〕の語順となっており，情報構造での語順とは逆になっています。そこで，つぎに〔Brazil → Portuguese〕の語順になるような英文を考えるように指示します。すると，なんとか次のような〔トピック → コメント〕の順番になっている英文が出てきます。

People in **Brazil** speak **Portuguese**.
In **Brazil** they speak **Portuguese**.
The language spoken in **Brazil** is **Portuguese**.

すべて〔Brazil → Portuguese〕の順番になっています。トピックからコメントへという情報構造の流れにマッチしています。

ここで，日本語と英語の違いに少し触れておきましょう。言語類型論の立場からは，英語は S（主語）と V（述語動詞）によって文の骨格が決定される主語型言語（subject-prominent language）であると考えられています。一方，日本語は話題（トピック）と陳述（コメント）によって文の骨格が決定される話題型言語（topic-prominent language）であると考えられています（毛利，1980, pp. 172–173; Li & Thompson, 1976）[14]。よく日本語の文においては「主語」が

しばしば省略されると言われることがありますが，日本語を話題型言語と考える立場からすれば，日本語にはもともと「主語」そのものが存在しないことになります（三上，1960；金谷，2002）。この点は，研究者の間で必ずしもコンセンサスが得られていませんが，格助詞「は」と「が」が日本語の文の基本構造を決める上で重要な役割を担っていることは間違いありません。たとえば，昔話「桃太郎」の出だしを思い出してください。

　　むかしむかし，あるところに，おじいさんとおばあさんが住んでいました。ある日のこと，おじいさんは山へ芝刈りに，おばあさんは川へ洗濯に行きました。

格助詞「は」がトピック（旧情報），「が」がコメント（新情報）を示していることがよく分かります。これを英訳すると，「が」は新情報のシグナルとして機能するので，「おじいさんが」と「おばあさんが」の「おじいさん」と「おばあさん」は英語ではそれぞれ "an old man" と "an old lady" となります。一方，「は」は旧情報のシグナルとして機能するので，「おじいさんは」と「おばあさんは」の「おじいさん」と「おばあさん」はそれぞれ "the old man" と "the old lady" になります。また，英語では基本的に新情報は文頭には来ないので，新情報の "an old man" と "an old lady" は，"Once upon a time, there lived an old man and an old lady." のように，文の後方，述語動詞の後に置かれます。一方，"the old man" と "the old lady" は，旧情報なので，"The old man went to the mountains to collect woods while the old lady went to the river to do some washing." のように，述語動詞の前に置かれます。

　このトピック・コメントの関係は，次の英文の違いを説明するためにも有効です（cf. 毛利，1980, p. 56）。

① Shakespeare died in 1616.
② In 1616 died Shakespeare.
③ In 1616 Shakespeare died.

当然，語順の違いがこれらの英文の意味の違いを引き起こしています。そ

の違いを理解するためには，これらの英文が何を伝えるためのものか判断する必要があります。次の例示ではそれぞれ斜体字の部分がいわばコメントに当たります。かつ，それぞれに対応する疑問文を添えると，より分かりやすくなります。

① Shakespeare died *in 1616*.　(*When* did Shakespeare die?)
② In 1616 died *Shakespeare*.　(*Who* died in 1616?)
③ In 1616 *Shakespeare died*.　(*What* happened in 1616?)

情報構造を元にそれぞれの英文を和訳すると以下のようになります。「は」の使い方に注目してください。

① シェークスピアが亡くなったのは，1616年です。
② 1616年に亡くなったのは，シェークスピアです。
③ 1616年には，シェークスピアが亡くなりました。

トピックからコメントへという情報構造は，複文における従属節と主節の関係（主従関係）にも適用されます。以下の3つの英文の違いを考えてみましょう。

① As it was raining hard, we stayed at home.
② It was raining hard, and so we stayed at home.
③ We stayed at home because it was raining hard.

英語教育関係の授業を履修している学生にこれらの英文の和訳を求めると，たいがいの学生が①と③をともに「雨が激しく降っていたので，私たちは家にいました」と訳します。この和訳は①の和訳としては適切かと思いますが，③の和訳としては適切ではありません。主節と従属節の関係を統語レベルでのみ考えているからです。授業では，以下のような図式を提示します。

① ┌As it was raining hard┐, ┌we stayed at home┐.
　　統語　　　　従　　　　　　　　主
　　情報　　　　従　　　　　　　　主

③ ┌We stayed at home┐ ┌because it was raining hard┐.
　　統語　　　主　　　　　　　　　従
　　情報　　　従　　　　　　　　　主

情報構造の観点からは，主節・従属節という統語的な関係にかかわらず，基本的に〔従 → 主〕という流れになります。①の場合は統語レベルにおいても，情報レベルにおいても，〔従 → 主〕という流れになっているので，正確な和訳に繋がります。一方，③の場合は，統語レベルと情報レベルの主従関係が逆になっています。日本語に訳すときには，日本語自体がトピックからコメントへという情報論的な流れを基軸にしていますので，その順番を尊重すると

③ We stayed at home because it was raining hard.
　　私たちが家にいたのは，雨が激しく降っていたからです。

のような正確な訳になります。なぜなら，③の英文は家にいたことは前提（旧情報）になっていて，その理由（新情報）を伝えるためのものだからです。この点を理解していただけると，以下の2つの英文の違いが見えてきます。どちらかがオリジナルで，もう一方が日本の高校生用教科書からの引用です。文中の she はマザー・テレサのことです。

---

① But, one day in 1946, she was travelling on a train when she heard what seemed to her a clear call from God, to give up everything and follow him into the streets to serve him among the poorest of the poor.
② But, one day in 1946, when she was traveling on a train, she heard what seemed to her a clear call from God to give up everything and follow him into the streets to serve him among the poorest of the poor.

学生たちにどちらが読みやすいかと尋ねると，たいがい，② の英文のほうが読みやすい，理解しやすいと答えます。なぜでしょう。それは，② の英文が，統語レベルにおいても情報レベルにおいても〔従 → 主〕となっているからです。一方，① のほうは，統語レベルでは〔主 → 従〕となっているので，従属節から先に訳すように指導されている学生は，when 以下の従属節を訳してから主節を訳そうとします。なかには，高校の文法の授業や予備校の授業で，過去進行形の後に when が続く時は，前から順番に「～していました。するとその時～」のように訳すとよいという指導を受けた学生もいます。おそらくその先生方はここで取り上げた情報構造に精通されていたか，直感的にそういう理解をされていたのかもしれません。いずれにしても，① がマクミランから出版されている *More People of Our Time* (Macmillan, 1978) からの抜粋で，② がそれを元に編集された日本の高校教科書からの抜粋です。② の場合，教育的配慮から日本人学習者に理解されやすいように工夫されていますが，見方を変えれば，統語構造と情報構造が合致しない貴重なケースについて学習する機会が奪われているとも言えます。

3. 談話レベルでのインタラクション

(1) Cohesion と coherence

　談話レベルでのインタラクション，つまり文のレベルを超えたインタラクションを考える場合，真っ先に取り上げるべきは，cohesion (結束性あるいは形式的な繋がり) と coherence (意味的な繋がり) でしょう。どちらも文と文の繋がり方に関わっています。まず，cohesion は，この分野の古典的存在である Halliday & Hasan (1976) によって，次のように定義されています。

　　　結束性 (cohesion) とは，あらゆる種類のテキストに見られる多様な意味の関係の集まりであり，テキストと非テキストを区別し，テキストに含まれる各種の実質的な意味を相互に関連づける。結束性は，テキストが何を意味するかということには関わらず，テキストが意味的なまとま

りとしていかに構成されているのかに関わっている。(p. 26)

さらに，cohesion と coherence の違いに関しては，次の Widdowson (1978) の説明が明快です。

> 結束性の場合，命題間の繋がりは明示的に示されており，そこからテキストがもつ発語内行為を推し量ることができる。一方 coherence の場合，命題間の繋がりは明示されておらず，テキストがもつ発語内行為を解釈することによって，その隠れた繋がりを推し量ることができる[15]。(p. 29)

Widdowson 自身が示している具体例 (1978, p. 27) で，両者の違いを見ていきたいと思います。次の3組の英文をご覧ください。

① A: What are *the police* doing?
　 B: *They* are arresting the demonstrators.
② A: What are *the police* doing?
　 B: *The fascists* are arresting the demonstrators.
③ A: What are the police doing?
　 B: I have just arrived.

① と ② の対話においては，命題間の繋がりが明示的に示されています。① に関しては，*They* が *the police* を受けており，② に関しては *The fascists* が *the police* を受けています。これらの明示的な繋がりで，① と ② の対話が意味のある対話になっていることが理解できます。② の場合，話者 B が警察をファシストと見なしているのです。一方，③ においては，① と ② の対話に見られたような命題間の繋がりを明示的に示すものがありません。しかし，それぞれの発話の意味，特に発語内行為を理解することで，③ の対話も ① と ② の対話と同じように，意味のある対話であることが理解できます。つまり，話者 B の "I have just arrived." を，話者 A の問いかけに対する「私は今着いたばかりなので，警察が何をしているのか分からない」という回答として解釈することが可能です。

3番目の対話のように，命題間の繋がりが明示的に示されていなくても意味のある対話になっている追加の例として，Widdowson (1978, p. 29) は以下の会話を示しています。

A: That's the telephone.
B: I'm in the bath.
A: O.K.

結束性（形式的な繋がり）は存在していませんが，夫婦の間か親子の間での自然な会話であることはご理解いただけると思います。

(2) 結束性 (cohesion) の類型

結束性には命題間の繋がり方の違いに応じて，様々な種類が認められていますが，Halliday & Hasan (1976) は，結束性を次のように分類しています。

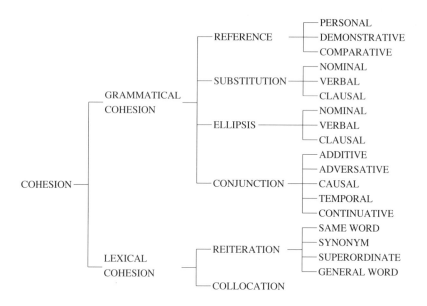

結束性の個々の事例に関しては，Halliday & Hasan (1976) を参照していただくとして，ここに示されているのは，テキスト内部での繋がり方の類型であって，具体的な言語形式を指しているわけではありません。結束性を示す言語形式は，結束性標識 (cohesive devices) と呼ばれます。たとえば，上記の Widdowson によって示された3組の対話の中の，the police を指す they は grammatical cohesion の中の reference の中の personal reference の一例です。同じく，the police を指す the fascists は，lexical cohesion の中の reiteration の中の synonym の一例です。英文読解の授業では，この種の結束性標識にこれまでにも多くの注意が払われてきました。人称代名詞や指示代名詞が指す内容を尋ねたり，police と fascists の関係のように，同義語表現を文中から探し出すように求める質問がその代表例です。

ただ，この Halliday & Hasan (1976) で結束性の事例がすべて網羅されているわけではありません。次に示す de Beaugrande & Dressler (1981) による結束性の分類は，Halliday & Hasan (1976) による分類を補足する意味で貴重です。

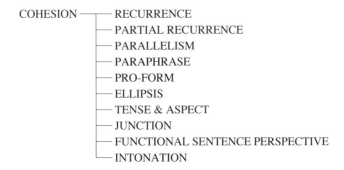

Halliday & Hasan (1976) の分類では取り上げられていないイントネーションや時制 (tense)，相 (aspect)，Functional Sentence Perspective などが含まれています。このうち，Functional Sentence Perspective は，情報レベルでの語順で取り上げたテーマとレーマの関係がテキストの中でどのように展開・発展していくのかを考察するもので，詳細は McCarthy (1991) や宮井 (1977) を参照していただくとして，ここでは日本の英語学習者にも馴染み深い時制や相が結束性を作り出すのにいかに関わっているのかを，具体

例で示したいと思います。次に示すのは，上で紹介した *More People of Our Time* (Macmillan, 1978) から抜粋したマザー・テレサに関する英文です。時制と相や時間に関わる表現に注目してください。

> For a nun to return to the world, even for the sake of service to others, it **is** necessary to get the church's permission. Mother Teresa **waited** patiently. To leave her home in Yugoslavia **had been** one sacrifice. To leave the calm and comfort of the convent **would be** another. But she **was** certain that, if God **was calling** her, the permission **would be** given, and it **was**.

1つのパラグラフの中に数種類の時制・相・時間に関わる表現が使用されています。個々の英文に含まれる命題的意味もさることながら，これらの時制・相・時間に関わる表現から，個々の命題的意味の前後関係をより的確に読み取ることができます。たとえば，"For a nun to return to the world, even for the sake of service to others, it **is** necessary to get the church's permission." の **is** は，教会の許可を得る必要性が今も真実であることを示しています。次に，"Mother Teresa **waited** patiently. To leave her home in Yugoslavia **had been** one sacrifice. To leave the calm and comfort of the convent **would be** another." に注目すると，**had been** がユーゴスラビアの実家を離れるという犠牲が，**waited** で示される教会からの許可を待っていた過去の時点よりも前であったこと，さらに **would be** が教会からの許可を得て修道院の安泰な生活から飛び出すことが過去の時点（**waited**）よりも後に生起する2つ目の犠牲になることを示しています。さらに，"But she **was** certain that, if God **was calling** her, the permission **would be** given, and it **was**." に注目すると，**was** と **was calling** が先ほどの **waited** と同じ時点で起きていることを示し，**would be** が過去の時点よりも後に起こること，そして最後の **was** は，**waited** で示された過去の時点ではなく，**would be** で示された過去の未来の時点で教会からの許可が下りたことを示しています。これらをもとに上のパラグラフで語られているマザー・テレサに関わる過去の出来事を時系列で示すと

① ユーゴスラビアの実家を出る
② 神が自分を呼んでいる
③ 修道院を出るための教会からの許可を待っている
④ 教会からの許可が出ることを確信している
⑤ 教会から許可がおりる
⑥ 修道院を出る

となります。このマザー・テレサに関する教材を使用すると仮定して、教室での指導に当たっては、上のパラグラフに含まれる時制・相・時間に関わる表現に生徒の注意を向けさせ、それらから上の ① から ⑥ までの出来事の順番を正しく理解させると同時に、これらの時制・相・時間に関わる表現が、上のパラグラフに含まれる英文の間の結束性を高めていることを理解させることが求められます。

(3) 文と文の意味的な繋がり方の類型と談話標識

結束性に留意することは英文読解において重要な役割を担っていますが (cf. Yue, 1993)、内容理解を深めるという観点から特に注目したいのは Halliday & Hasan (1976) の分類の中の CONJUNCTION（連結）ではないでしょうか。その下位分類もさることながら、実際の英語リーディングの授業では様々な意味的繋がりの事例を示してくれる具体的な言語形式、つまり談話標識に注目する必要があります。

たとえば、次に示す英文をご覧ください[16]。その中でも特に、文と文の意味的な繋がり方を示す談話標識としての also と For example に注目してください。

> Invention is usually defined as the discovery of new practices, tools, or concepts that most members of the culture eventually accept. In North America, the civil rights movement and the invention of television are two good examples of how ideas and products reshaped a culture. Change **also** occurs through diffusion, or borrowing from another culture. The assimilation of what is borrowed accelerates as cultures come into direct

> contact with each other. **For example**, as Japan and North America share more commerce, we see Americans assimilating Japanese business management practices and the Japanese incorporating American marketing tactics.

内容理解よりも語彙や文法事項の学習に焦点化されたリーディングを経験してきた学習者は，英文の中で also に遭遇した場合，ほぼ機械的に「もまた」として理解・訳出してしまいます。しかし，何に対して also なのかが，きちんと理解できていない場合が多々あります。上の英文の場合，文化の変化が invention だけでなく，diffusion によっても引き起こされるということがすぐには理解されません。For example についても，ただ単に「たとえば」と日本語に置き換えるだけでなく，何が何の具体例になっているのかをきちんと理解する必要があります。ここでは，「アメリカ人が日本の経営管理の方法を，日本人がアメリカの市場戦略を取り入れていること」が「文化は伝播によっても変化する」しかも「その伝播は双方が直接的に接触するときに加速される」ということの具体例になっていることを理解する必要があります。

このような文と文の意味的な繋がり方の類型とその関係を示す談話標識を組織的に示してくれているのが，Mackay & Mountford (1979) です。少し簡略化して紹介します。

繋がり方のタイプ	談話標識
1. 列挙	
1.1 リストアップ	first, second, etc., one, to begin with, next, then, finally, last(ly), etc.
1.2 時間的順序	first(ly), in the beginning, next, then, subsequently, eventually, finally, in the end, etc.
2. 追記	
2.1 強化	and, again, also, moreover, furthermore, in addition, etc.
2.2 類似	equally, likewise, similarly, etc.
3. 論理的筋道	
3.1 総括	so, altogether, overall, then, thus, therefore, in short, etc.
3.2 結果	so, as a result, consequently
3.3 演繹	so, therefore, hence, thus, consequently

3.4	帰納	therefore, hence, thus, so, this shows, indicates that, etc.
4.	明示	namely, thus, in other words, that is (to say), by (this) we mean
5.	例示	for example, for instance
6.	対比	
6.1	換言	better, rather, in other words, etc.
6.2	置換	alternatively, instead, (but) then, rather, etc.
6.3	対立	conversely, on the other hand, oppositely, etc.
6.4	譲歩	but, however, nevertheless, still, nonetheless, notwithstanding, etc.

ここに示されている談話標識の多くは，語彙的にはそれほど難しいものではなく，語彙や文法の学習に焦点化された学習活動としてのリーディングではさほど指導の対象にはならないと思いますが，内容理解に指導の力点が置かれる言語活動としてのリーディングにおいては，重要な指導項目となります。

　文と文の意味的な繋がり方を示す談話標識は，説明文，特に学術論文で多用されますので，ここでも Richards (2008) の論文 "Growing Up with TESOL" から具体例を示します。まずは「対比」と「明示」の例です。

> (A) There have traditionally been **two strands** within TESOL — **one** focussing on classroom teaching skills and pedagogic issues, and **the other** focussing on what has been perceived as the academic underpinnings of classroom skills, **namely** knowledge about language and language learning.

TESOL の分野において長年にわたって対峙してきた 2 つの流れ (実践知を重視する流れと理論知を重視する流れ) が one と the other で示されています。さらに，namely は理論知が言語と言語学習に関する知識であることも示しています。

　次に示す抜粋には，「追記」と「論理的道筋」の例が含まれています。

76　第 2 章　テキスト内でのインタラクション

> (**B**) Good teaching was regarded as correct use of the method and its prescribed principles and techniques. Roles of teachers and learners, as well as the type of activities and teaching techniques to be used in the classroom, were generally prescribed. **Likewise**, learners were often viewed as passive recipients of the method who should submit themselves to its regime of exercises and activities. The post-methods era has **thus** led to a focus on the processes of learning and teaching rather than ascribing a central role to methods as the key to successful teaching. (p. 6)

Likewise は，教授法全盛期においては教師や学習者の役割が，教室で行われるべき活動や指導技術のタイプと同じく，あらかじめ規定されていた事実に加えて，教授法を受け身的に享受するだけの存在として学習者を見る学習者観を「追記」し，thus は，ポスト教授法の時代を迎えたがために，その結果として，教授法を金科玉条のごとく崇めるのではなく，学習と教授のプロセスが重視されるようになったという「論理的道筋」を示す談話標識として，それぞれ機能しています。

　次に示す抜粋は，「対比 (譲歩)」と「例示」の機能を担う談話標識を含んでいます。

> (**C**) The language-based courses provide the academic content, and the methodology courses show teachers how to teach it. An unquestioned assumption was that such knowledge informs teachers' classroom practices. **However**, recent research shows that teachers often fail to apply such knowledge in their own teaching. Despite knowing the theory and principles associated with Communicative Language Teaching, **for example**, teachers are often seen to make use of traditional "grammar-and-practice" techniques in their own classrooms. (p. 5)

However は，大学の教員養成課程で身につけた知識は，学生が教職に就いて行う授業でそのまま活用されるという前提が必ずしも真実ではないこと

を示す「対比（譲歩）」の談話標識として，for example は，大学の教員養成課程で CLT に関する理論を学んだ学生が，現場に出れば大学の授業で否定された伝統的な文法中心の授業を行っていることが，大学で身につけた知識が現場の授業で生かされないことの「事例」となっていることを示す談話標識として機能しています。

次の抜粋は「対比（対立）」を示す談話標識を含んでいます。

> (**D**) Qualifications in teacher training such as the Royal Society of Arts Certificate were typically offered by teacher training colleges or by organizations such as the British Council. Teacher development, **on the other hand**, meant mastering the discipline of applied linguistics. Qualifications in teacher development (typically the Master's degree) were offered by universities, where the practical skills of language teaching were often undervalued. (p. 4)

ここでは，on the other hand が，実践的な指導技術の習得を目指す teacher training と，指導の基礎となる応用言語学理論の学習を重視する teacher development の「対比」を示す談話標識として機能しています。もっとも，現在ではこの対比は過去のものとなっていることが，動詞の過去時制で示唆されています。つまり，現在では teacher development の中に teacher training の要素も組み込まれるようになってきたことが示唆されています。

文と文の意味的繋がりを理解する上で，ここで取り上げてきた談話標識はきわめて有用ですが，実は，英語による説明文の中にはこれらの談話標識の代わりにコロンやセミコロンが使われる場合が多々あります。その例を見てみましょう。過去 30 年間にわたる TESOL の発展が "internally-initiated changes"，つまり TESOL 内部で始まった変化によって影響されてきたことの説明に続く部分です。

> (**E**) At the same time, the development of TESOL has been impacted by external factors such as globalization and the need for English as a language of international trade and communication; this has brought with

> it the demand by national educational authorities for new language teaching policies, for greater central control over teaching and teacher education, and for standards and other forms of accountability. (p. 2)

ここでは，セミコロンを for example に置き換えて理解することがこの論文の著者によって期待されています。次の例をご覧ください。教職の専門性について書かれている部分です。

> (F) English language teaching is seen as a career in a field of educational specialization; it requires a specialized knowledge base obtained through both academic study and practical experience. (p. 4)

ここでは，セミコロンを in other words に置き換えて理解することが期待されています。教職の専門性の中身が具体的に示されているのです。さらに，次の例をご覧ください。教職の専門性が高まる中で，教員に対する見方が，既成の教授法の実行者から，自分にあった指導法の創造者，アクションリサーチを行う研究者，カリキュラムや教材の作成者として見る方向に変化したことを受けて，学校観も変化してきたことを説明している部分です。

> (G) However, beyond the pedagogical level and at the level of the institution, schools are increasingly viewed as having characteristics similar to those of other kinds of complex organizations in terms of organizational activities and processes; schools can be studied as systems involving inputs, processes, and outputs. (p. 7)

ここでは，セミコロンを therefore に置き換えて理解すること，つまり学校の見方が組織として学校を見るほうに変わってきたので，その結果として学校についての研究もその新しい見方に適合した形で行うことが可能となったことを理解することが期待されています。

　上で取り上げた談話標識の代わりに使用されるコロンやセミコロンがどのような文と文の意味的な繋がり方を示すかは，テキストに明示されてい

ません。読者は第1章で言及した高位レベルのサブ技能を使って，根拠のある推論を行うことになります。それだけ，高度な読解が求められます。

　以上，コロンとセミコロンも含めて，文と文の意味的な繋がり方を示す談話標識の具体例を見てきましたが，学術論文に限らず，高等学校で使用される教科書の中の教材，特に現代社会に関わる諸問題（たとえば地球環境など）や著名人の人生や業績を説明する教材の中にも，Mackay & Mountford (1979) が表にして提示してくれている談話標識が多用されています。語彙や文法の指導に力点を置く学習活動としてのリーディング指導においては，これらの談話標識はまったく無視されるか，日本語訳を付けるだけの指導に止まる傾向があります。学習者も，on the other hand に「一方」，for example に「たとえば」，therefore に「それゆえに」，However に「しかしながら」という訳語を付けるだけで，それらが含まれている教材を理解したつもりでいます。しかし，for example を例に取ると，for example の後にきている英文の内容が一体どういうことの例となっているのか，理解できていない場合が多々あります。よって自分の言葉で説明ができません。要するに，理解が上滑りになっているのです。テキスト内でのインタラクションを重視するリーディング指導を標榜する立場からは，これらの談話標識が指導している教材の中に出てきた場合には，単に日本語に置き換えるだけではなく，文と文の繋がり方を具体的に説明したり，あるいは第3章で取り扱う「発問」を通して生徒に考えさせ，発表させることが必要です。「読めたつもり」（卯城，2009）を是正していくためには，この作業は不可欠です。

(4) 談話レベルの意味的関係性

　テキスト内のインタラクションを考える場合，上で取り上げた文と文の繋がり方とその談話標識に加えて，テキスト全体を見通しての関係性，つまり談話レベルの意味的関係性（談話構造）にも注目する必要があります。Nuttall (2005, p. 121) は談話レベルの意味的関係性を次のように分類しています。

① 話題文・支持文　　② 事実・意見
③ 関連性・非関連性　　④ 妥当性・非妥当性
⑤ 仮説・証拠・推論・結論　⑥ 総論・各論
⑦ 必然性・蓋然性・可能性　⑧ 原因・結果・目的・条件

これらの談話レベルの意味的関係性のうち，まずはこの中の「① 話題文と支持文」の関係性に注目します。次に示すのも，上で取り上げた Richards (2008) の "Growing Up with TESOL" という論文からの抜粋です。

(A) One characteristic of the field of TESOL is that it appears to be in a constant state of change. For example, new curriculum frameworks currently being implemented in different parts of the world include competency-based, text-based, and task-based models. In many countries English is now being introduced at the primary rather than secondary level, necessitating considerable new investment in textbooks and teacher training. And today teachers are being asked to consider such issues as the status of English as an International Language, blended learning, and critical pedagogy. (p. 2)

全部で4つの英文で構成されているパラグラフですが，第1文がこのパラグラフの話題文で，残りの3文がその支持文として機能しています。TESOL の分野は絶えず変化しているということがメインテーマで，その変化の具体例が3つ（新しいカリキュラムの導入，小学校英語教育，教師に突きつけられている新しい課題），示されています。For example という談話標識で第1文と第2文の意味的繋がりが「例示」であることは容易に理解可能ですが，ここではその「例示」が第2文で止まらずに，第4文まで続いており，全体として「事実と例示」という構造になっています。

次に，「⑤ 仮説・証拠・推論・結論」および「⑥ 総論・各論」に注目してみましょう。次に示すのは最近読んだ英語教育関係の論文からの抜粋（一部改編）です[17]。1つのパラグラフで構成されている英文です。下線部と太字の部分に注目してください。

> (B) Other researchers, however, have discovered 1)a positive relationship between strategy use and successful learning. Green and Oxford (1995), for instance, during a study of 374 students at the University of Puerto Rico, found a significant relationship between language proficiency and learning strategy use, indicating that 2)**the more proficient students** used strategies more frequently than **the lower-level students**. …Although space does not permit further exemplification within the scope of the present article, 3)many other examples of a positive relationship between strategies and successful language learning can be found in contemporary journals or books. From these findings, we might conclude that 4)it makes sense for teachers to encourage **learners** to expand their strategy repertoires and to make frequent use of the strategies that they have at their disposal in order to maximize their chances of success. (p.428)

下線部1)で「仮説」が提示され，下線部2)でその「証拠」が示され，下線部3)で「推論」が示され，最後に下線部4)で「結論」が示されています。また，日本語の「学習者」を英語にする場合，通常，a learner, learners, the learner, the learners の4種類が考えられます。このうち，一般的な真理を語る総論を提示する場合には，通常，a learner または learners が，具体的な事実を語る各論を提示する場合には the learner または the learners が使われます[18]。上の抜粋の中の太字の表現に注目してください。具体的事例を示す各論では定冠詞付きの the more proficient students と the lower-level students が，総論的性格を有する結論では冠詞なしの learners が使用されています。さらに，述語動詞に注目すると，具体的事例を語る証拠の部分では過去時制が，事実に基づく推論の部分では助動詞 can が，一般的真理を語る結論の部分では現在時制が使用されています。談話レベルの意味的関係性を指導する場合，上で触れた談話構造に加えて，これらに付随して使用されている言語形式にも注目する必要があります。

　時制に触れたので，今度は「④ 妥当性・非妥当性」と時制の関係について考えて行きます。次に示すのは，すぐ上で引用した同じ論文からの抜粋です。同じパラグラフの中ではありませんが，近接して示されています。

> (C) The relationship between strategies and successful learning has also been hotly disputed. Although Rubin (1975) **recommended** learning strategies as a means to promote successful learning, in fact this relationship has proved to be not so straightforward...Oxford (1990) **suggests** that an important element of strategy instruction is the raising of learners' awareness of language learning strategy options. (pp. 427–428)

論文が発表された時点 (2015 年) からすれば，1975 年も 1990 年もかなり前のことになりますが，Rubin の主張は過去時制で，Oxford の主張は現在時制で紹介されています。それぞれの文献の執筆者が存命であるかどうかも関わってくるとは思いますが，この使い分けによって，この論文の筆者と Rubin の主張および Oxford の主張との距離感を感じ取ることもできます。つまり，Oxford の主張を現在時制で紹介することによって，著者が今も Oxford の主張を支持していると理解することができます。上記の Nuttall (2005) の分類の中の「④ 妥当性・非妥当性」に関わる意味的関係が示されていると言えます。この時制の使い分けは，我々が英語で論文を執筆するときにも留意すべき点となります。

(5) テキスト・マッピング

　文と文の間の繋がり方や談話レベルの関係性に代表されるテキスト内のインタラクションについて，口頭で説明してもなかなか理解してもらえない場合があります。その場合は，そのインタラクションの有り様を可視化すると効果的です。そのための仕組みがここで取り上げるテキスト・マッピングです。Carrell (1988) は，インタラクション・モデルの立場から，テキスト・マッピングを「説明文から重要な内容を選び，それらの間の関係が明示的に示されるように，それらをボックス，円，繋ぎの線，樹木図などの視覚的な提示方法を使って示すこと」(p. 249) と定義しています (テキスト・マッピングは，概念マッピング，ネットワーキング，フローチャーティングとも呼ばれます)。Kang (2004) にはテキスト・マッピングの様々な方法が示されており，とても参考になります。また，テキスト・マッピングとテキ

スト・マップを区別する必要もあります。往々にして両者が混同される場合がありますが，テキスト内の意味的関係性を視覚的に提示したものがテキスト・マップで，テキスト・マップを作り上げることがテキスト・マッピングです。

　ただ，リーディングにテキスト・マッピングを活用するという考えは決して新しい手法ではありません。欧米においては早くから母語教育において活用されてきた関係で，日本の国語教育においても活用されてきました（瀬川，2007）。自分が高校生の時に受けた現代国語の授業でも，今思い返せば，テキスト・マッピングの手法が採用されていました。我が国の英語教育においては，たとえば，高梨（1986）が「文章構造図」で読む力をつける方法を提示しています。

　そこで，ここでは，テキスト内でのインタラクションを視覚化するためのテキスト・マッピングの具体例を示します。次の英文の内容をテキスト・マップにまとめてみましょう[19]。

(A) UK newspapers can generally be split into two distinct categories, the more serious and intellectual newspapers, usually referred to as the broadsheets due to their large size, and sometimes known collectively as "the quality press", and newspapers, generally known as tabloids, and collectively as "the popular press", which have tended to focus more on celebrity coverage and human interest stories rather than political reporting or overseas news. The tabloids in turn have been divided into the more sensationalist mass market titles, or "red tops", such as *The Sun* and *The Mirror*, and the middle-market papers, *The Daily Express* and *The Daily Mail*.

おそらく次のようなテキスト・マップが可能かと思われます。

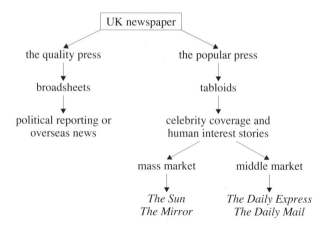

次に示すのは，Ibrahim (1979, pp. 192–193) によって示されたテキスト・マッピングのための文章です。まずは，どのようなマッピングが可能か，考えながら読んでみてください。

(**B**) Herbert Spencer believed that a society corresponds in many respects to an individual being. He noted several similarities between the biological organism and the social organism. Both grow in size. A baby grows up to be a man; a small community becomes a state; a small state becomes an empire. Both increase in complexity of structure as they grow in size. Progressive differentiation of structure in both societies and organisms is accompanied by progressive differentiation of functions. Evolution establishes for both society and organisms related differences in structure and function that make each other possible. A living organism may be regarded as a ration of units that live individually; a ration of human beings may be regarded as an organism. In both organisms and societies the life of the aggregate may be destroyed, but the units will continue to live on for a time.

On the other hand, he noted three important differences between society and the organism. In the first place, whereas in the individual organism the component parts form a concrete whole and the living units are bound together in close contact, in the social organism the component

> parts form a discrete whole and the units are free and dispersed. Again, and even more fundamental, whereas in the individual organism there is such a differentiation of functions that some parts become the seat of feeling and thought and others are practically insensitive, in the social organism no such differentiation exists; there is no social mind apart from the individuals that make up a society. As a result of this second difference, there is to be observed the third distinction, namely, that, while in the organism the units exist for the good of the whole, in society the whole exists for the good of the members.

人間個人と人間が作る社会の間の類似点と相違点がテーマになっています。第2パラグラフがOn the other handで始まっていますので，2つのパラグラフが内容的に対立していることが分かります。それぞれのパラグラフのキーワードを探してみると，第1パラグラフのキーワードがsimilaritiesで，第2パラグラフのキーワードがdifferencesであることが分かります。この情報をもとに，テキスト・マップを作成してみてください。

　次に示すのは，Ibrahim自身によって提示された箱形テキスト・マップ (pp. 196–197, 一部改編) です。それぞれの箱に番号が付されていますが，それらは上の文章で個々の英文が出てきた順番を指しています。照合してみてください。

1. General statement: Comparison						
2. Supporting statement: Similarities						
3. First similarity 4. Illustration		5. Second similarity	6. Third similarity	7. Fourth similarity	8. Fifth similarity	9. Sixth similarity
10. Contradicting statement: Differences, dichotomies						
11. First			12. Second			13. Third
Individual	Society	Individual		Society	Individual	Society

リーディングの授業では，時々，終わってみれば黒板に残っているのはその授業のターゲットになっていた関係代名詞の例文，しかも教科書教材の内容とはなんら関係のない英文だけだったという場合があります。語彙や文法の定着を目指した学習活動としてのリーディングがなされた証拠です。内容理解に焦点化した言語活動としてのリーディング授業では，むしろテキスト・マップが残っているような指導が求められます。しかも，完成したテキスト・マップを一挙に示すのではなく，英文を読み進めながら，適宜生徒に発問しながら，少しずつ完成していく方法が望まれます。テキスト・マップが完成したら，今度はそのマップをもとにテキストの概要（サマリー）を求めます。たとえば，先ほどの英国の新聞についてのテキスト・マップを見ながら，生徒にまずは日本語での要約を求めます。時間的余裕があれば，今度は英語での要約を求めます。この段階になると，summarizing というよりは，retelling の活動になります。単にテキストを一度読ませたり，聞かせたりして retelling を求めるよりは，テキスト・マップを見ながらの retelling のほうが効果的です。なぜなら，それがプレゼンテーションの準備段階になるからです。そこには，まさに，第3章のテーマの1つであるリーディングとスピーキングのコラボレーションが実現されます。

4. まとめ

　テキスト内インタラクションについて，文レベルのインタラクションと談話レベルのインタラクションに分けて，その実際を検討してきました。筆者は，このようなテキストの構成要素間の繋がりを重視した英語リーディングを松本清張の小説『点と線』からヒントを得て，「点と線の英文読解法」と名付けてきました。しかも，頭の中だけで点を線で結ぶのではなく，印刷されたテキストの上で，点を線で結ぶことによって，さらに適宜通し番号を付して，テキストの構成要素間の繋がりを実感するやり方です。具体的なテキストでその方法を紹介したいと思います。上で紹介したテキストが一部含まれています[20]。

4. まとめ　87

As with communication, culture is ongoing and subject to fluctuation; cultures seldom remain constant. As ideas and products evolve within a culture, they can produce change through the mechanisms of invention and diffusion.

(1) Invention is usually defined as the discovery of new practices, tools, or concepts that most members of the culture eventually accept. In North America, the civil rights movement and the invention of television are two good examples of how ideas and products reshaped a culture. Change also occurs through (2) diffusion, or borrowing from another culture. The assimilation of what is borrowed accelerates as cultures come into direct contact with each other. For example, as Japan and North America share more commerce, we see Americans assimilating Japanese business management practices and the Japanese incorporating American marketing tactics.

In addition to invention and diffusion, other factors foster cultural change. The concept of (3) cultural calamity illustrates how cultures change. The calamity of (a) Vietnam brought changes to both Vietnam and the United States. Not only did it create a new population of refugees, but it also forced us to reevaluate some cultural assumptions concerning global influence and military power. Currently, many cultural changes are taking place in (b) Eastern Europe and the former Soviet Union. The 1) elimination of the Berlin Wall, the 2) unification of East and West Germany, the 3) dissolution of the Soviet Union into numerous smaller states, and the problems of 4) adjustment to new economies and governments are producing enormous changes in the affected cultures.

この英文のテーマは文化の変容です。そこで culture と change を ☐（または楕円）で囲みます。次に，3行目の "through the mechanisms of invention and diffusion" から文化変容の原因が (1)invention と (2)diffusion であることが分かります。それらを □ で囲み，番号を付します。さらに，第3パラグラフの "In addition to invention and diffusion" から，文化変容の原因がこれら2つに限定されないことが分かり，さらに読み進めていくと (3)cultural calamity が第3番目の原因として浮上してきます。□ で囲み，番号を付します。

次に，それぞれの原因について，その具体例を探ります。第2パラグラフの4行目の good examples と7行目の For example に注目すると，invention の事例が (a)civil rights movement と (b)television であること，diffusion の事例が日本の経営管理の方法を取り入れている (a)Americans と，アメリカの市場戦略を取り入れている (b)Japanese であることが見えてきます。

第3パラグラフにおいては，文化変容の3番目の理由である cultural calamity の事例として，過去の (a)Vietnam 戦争と，この文章が書かれた時点で (b)Eastern Europe and the former Soviet Union で生起していることが挙げられています。さらに，ベトナム戦争に関しては，その影響が 1)Vietnam と 2)the United States で起きている社会変化に現れている点が，東欧と旧ソ連に関しては，ベルリンの壁の 1)elimination，東西ドイツの 2)unification，旧ソ連の 3)dissolution，およびそれらが惹起した新しい経済・政治体制への 4)adjustment の問題が，当該地域の文化に甚大な変容を引き起こしている点が，述べられています。

番号が付されたキーワードを矢印で結びつけると，87ページの図のようなテキスト内でのインタラクションの視覚化が実現されます。キーワードにはなるべく簡潔な英単語 (主に名詞・名詞句) を選ぶことがコツです。さらに，この点と線の組み合わせを頼りに，次ページのようなテキスト・マップも作成できます。

このように，内容面でのキーワードを起点とし，それらを線で結ぶことによって，さらにそれをテキスト・マップの形に変換することによって，テキスト内のインタラクションの「見える化」が実現できるのです。ただ，これを最初から学習者に提示してしまっては，インタラクションを実感できません。第3章「教室内でのインタラクション」で取り扱うテーマの1つである「発問」を通して，学習者とともに「見える化」を完成していくというスタンスが大切です。さらに，「見える化」が完成すると，それをも

4. まとめ   89

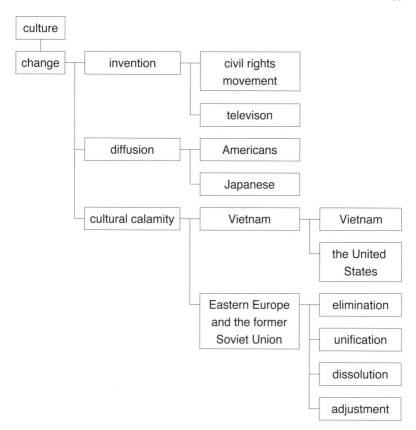

とにテキストの概要を日本語や英語で発表する活動が可能になります。つまり，テキスト内でのインタラクションの「見える化」を通して，第3章のテーマである教室内でのインタラクションを実践することができるのです。

〈注〉
　1)　談話 (discourse) に関しても様々な定義が示されていますが，ここでは以下の Halliday & Hasan (1976, p. 10) の談話構造の定義を参考に話を進めます。
　　Discourse structure is, as the name implies, a type of structure; the term is used to refer to the structure of some postulated unit higher than the sentence, for example the paragraph, or some larger entity such as episode or topic unit.

2) 平成 20 年 3 月に公示された学習指導要領では，従来の「文型」という用語に代わって「文構造」という用語が使われています。その理由として，中学校学習指導要領解説書においては，「文を「文型」という型によって分類するような指導に陥らないように配慮し，また，文の構造自体に目を向けることを意図してより広い意味としての「文構造」を用いたものである」（文部科学省，2008，p. 30）という説明が示されています。本書では，「文型」という用語をいわゆる 5 文型に限定せず，ほぼ「文構造」と同じように使用しています。

3) Steinbeck, J. (1966). Paradox and dream. In *America and Americans* (pp. 29–34). London: Heinemann, p. 34.

4) チャンク・リーディングという名称の他に，フレーズ・リーディングやスラッシュ・リーディングという用語も使用されています。それぞれ意味するところは多少異なると思われますが，一語一語ではなく，大きな塊で英文を理解していくという方針は共通しています。以下の文献を参照してください。塩川春彦「フレーズ・リーディング――チャンクを意識したリーディング指導」（http://www.bun-eido.co.jp/school/highEnglish/ ujournal/uj68/uj680206.pdf）。

5) 英語学習とチャンクの関係については，田中・佐藤・河原（2003），長沼・河原（2004），田中・佐藤・阿部（2006）なども参考になります。

6) 小学校段階の外国語活動でも，文が扱われますが，これらの文は 1 つの塊，つまり定型表現（lexical phrases とか prefabricated sentences とも呼ばれます）として扱われます。小学生の知的発達段階を考えると，それが妥当かと思われます。拙論（伊東，1995）をご参照ください。

7) 英字新聞 *The Japan News*（読売新聞）からの抜粋です。(A) は 2015 年 9 月 17 日版で，ドイツに移動中にハンガリーのカメラマンに足を引っかけられたシリア難民に関する記事で，(B) は 2015 年 12 月 8 日版で，北京の深刻な大気汚染を扱った記事です。

8) 英字新聞 *The Japan News*（読売新聞）からの抜粋です。(A) は 9 月 17 日版，(B) は 10 月 6 日版，(C) は 11 月 14 日版，(D) は 11 月 20 日版，(E) は 11 月 21 日版です。

9) 前から順に訳出すると次のような和訳が可能です。「1 週間が経過したが，パリはまだ緊張した雰囲気に包まれていた。実は，この 1 週間の間に，たびたび警戒警報の誤作動が発生したり，それを聞いた群衆がパニックに陥ったケースが何回もあり，さらに，7 時間にわたる銃撃戦も発生しており，その中で同時テロの首謀者と疑われている人物が射殺されていた」

10) Ricker, J. & Saywell, J. (1972). *Triumphs of Western civilization*. 東京：金星堂.

11) 英字新聞 *The Japan News*（読売新聞）からの抜粋で，(D) は 11 月 10 日版，(E) は 10 月 11 日版です。

12) Richards, J. C. (2008). Growing Up with TESOL. *English Teaching Forum, 46* (1), 2–11. TESOL の発展過程や現状・課題が簡潔に論じられており，大学院の

ゼミ指導で大学院生と輪読した論文です。有用な情報満載で，是非一読されることをお薦めします。

13) de Beaugrande (1980) 自身はセンテンス・マッピングという用語は使用していません。なお，この図は Brown & Yule (1983, pp. 122–123) にも "text-content as a network" の例として引用されています。ここで示した図は，オリジナルを簡略化するとともに，一部修正 (New Mexico が追加) も加えられています。

14) 主語型言語 (subject-prominent language) と話題型言語 (topic-prominent language) の区別を提唱した Li & Thompson (1976) では，日本語は主語型言語と話題型言語の中間に位置づけられていますが，本書では日本語を話題型言語に位置づける毛利氏の主張に従っています。

15) この引用の中で使われている発語内行為（原文は illocutionary act）は，発話行為 (speech act) 理論で使用されている用語です。その理論によると，発話行為は，発話そのものを行うという発語行為 (locutionary act)，その発話によって話し手が何らかの意図を伝えようとする発語内行為 (illocutionary act)，発話が話し手の意図とは別に聞き手に与える影響を示す発語媒介行為 (perlocutionary act) で構成されています (cf. 白畑他，2009)。

16) Ando, K. et al. (Eds.). (2005). *Comprehensive readings for culture: Introduction to cultural studies* (東京：英宝社), p. 8. オリジナル・テキストは，Larry A. Samover & Richard E. Porter (Eds.). *Intercultural Communication* (Wadsworth Publishing 1997).

17) Griffiths, C. (2015). What have we learnt from 'good language learners'? *ELT Journal, 69* (4), 425–433; doi: 10.1093/elt/ccv040.

18) もちろん，the learner が一般論で使われる場合もあります。定冠詞が総称的な意味を表す場合に使われます。

19) Wikipedia に掲載されている *List of newspapers in the United Kingdom* (https://en.wikipedia.org/wiki/List_of_newspapers_in_the_United_Kingdom) からの抜粋。

20) Ando, K. et al. (Eds.). (2005). 上掲書，p. 8.

第3章
教室内でのインタラクション
―― アクティブ・リーディングのすすめ

　本章では，日本人英語学習者が英語リーディングに成功するために必要とされる3つのインタラクションのうち，最後の教室内でのインタラクションに焦点を当てます。つまり，インタラクションを軸とするリーディングの指導法 (Interactive Reading Instruction) の中のインタラクティブな指導法 (Interactive Instruction) を取り扱います。具体的には，リーディング指導の当事者である教師の活動に焦点を当てます。ただし，リーディング指導は，長い外国語教育の歴史の中でおそらく最も研究され，実践されてきた分野です。本章でリーディング指導法のすべてを網羅することはできません。ここでは，自身が実践してきたインタラクションを基軸にしたリーディング指導法を紹介します。

1. 音読を媒介とした他技能とのインタラクション

　リーディング指導に必要な教室内インタラクションの最初の活動として，音読を媒介としたリーディングと他技能 (特にスピーキング) とのインタラクションを取り上げます。音読自体は，古くから我が国の英語授業の中で活用されてきた指導法です。筆者自身も，國弘正雄氏が提唱した只管朗読 (國弘, 1970) に触発されて，自己の英語学習で実践するとともに，英語教師として教壇に立ってからも指導の柱として実践してきました。ここでは，英語学習における音読の役割に，技能間のインタラクションという観点から，改めてスポットを当てることにします。

(1) 音読の役割

　日本において英語の学習が開始された当初，音読は黙読というリーディングの最終目標に到達するための通過点と見なされていました。つまり，テキストを声に出して読むことは，黙読のための準備体操的な活動として見られていました。ゆくゆくは音読から音をなくして，黙読へと学習者を導いて行くことが英語教師の重要な役割の1つと考えられていたのです。この考えは，基本的に明治から大正，昭和の時代に引き継がれて行きました。第二次大戦後，文字に代わって音声を重視するオーラル・アプローチが我が国の学校英語教育に普及していくにつれて，テキストの音読は，その中で使われている語彙や文法事項を音声で定着させるための重要な手段と見なされるようになってきました。國弘氏の只管朗読も，このコンテクストの中で唱道されたものです。最近では，英語学習におけるオーラル・コミュニケーション重視の傾向の中で，リーディングよりもスピーキングへの橋渡し的活動として見なされ，再評価されるようになってきました。たとえば，高梨・高橋 (1987) は，「単に間違えずに文字を音声化するだけの音読や，多数の生徒が同一口調で読み上げる音読」と「テキストの内容を読み手自身の言葉として表現する音読」を区別し，後者の音読は自由な発話と共通する要素が多いとして，以下のように述べています。

　　テキストを暗記し，音読に身体的表現をも加えることによって，読み手は徐々にテキストの拘束を離れ，さらに対話文を部分的に即興的発話と置き替えることによって，スピーキングの域に近づいていくことも出来る。リーディングとスピーキングは基本的にコミュニケーションの機能が違うため，音読を訓練すれば話し方がうまくなるとは言えないが，上手なスピーキングを阻害するいくつかの障害を取り除くことに役立つのは疑いない。(p. 159)

　さらに最近では，コミュニケーション指導の中での音読の重要性を強調している土屋 (2004) が，「音読はリーディングの活動というより，スピーキングの活動なのである。音読をスピーキング活動と位置づけるならば，それは音声によるコミュニケーション活動の一種である」(p. 7) と述べ，音読

を明確にスピーキング活動として位置づけています。

　筆者は，音読にはリーディングとしての側面とスピーキングとしての側面の2つが併存していると考えています。その二面性ゆえに，音読はリーディングと他技能とのインタラクションを推し進めるための触媒になれるのです。この二面性を意識した上で，音読には次の5つの役割が認められます。

1) 音声と文字の繋がりを強化する

　日本の英語教育の発展に多大な影響を及ぼしたハロルド・E・パーマー (Harold E. Palmer) は，音声を通してのコミュニケーションであれ，文字を通してのコミュニケーションであれ，単語が有している聴覚像 (acoustic image) がとても重要な働きをしていると主張しています (Palmer, 1924, pp. 326–327)。このことは，英語で書かれたテキストのリーディングにおいても，中で使用されている個々の語彙を認識すると同時に，それらの聴覚像を想起し，その連続体としてセンテンスが理解されることを示唆しています。音読は，テキストを見ながらのリスニングと同じように，いやそれ以上に，文字と音声 (または acoustic image) の繋がりを強化することに繋がります。ただし，その場合も，英語母語話者なみの発音でなくても，単語のアクセントなどを間違えていない理解可能な発音で英語の流れに沿って音読を行うことが必要です。その意味でも，最初は教科書付随のCDに吹き込まれている音声モデルを聞きながら音読練習をすることをお勧めします。

2) センテンス・レベルでの発音練習の機会を提供する

　伝統的なフラッシュ・カードを使っての発音練習が，基本的に単語レベルでの発音練習になっているのとは対照的に，テキストの音読は，単語を超えたセンテンス・レベルでの発音練習の絶好の機会になります。その場合に気をつけることは，文の途中で何回も立ち止まりながら音読をするのではなく，基本的に，よほど長い英文でない限り，1つの音 (または息) で1つひとつの英文を音読して行くことが大切です。単語と単語の間で立ち止まらずに，続けて音読をすることによって，単語と単語の間の化学変化 (音の同化・癒合・連結・脱落) も自然な形で音声化することになります。不

思議なもので，この種の音の化学変化が発音できるようになると，リスニングにおいてこの種の音の化学変化を聞き取ることができるようになります。音読がリスニングにも繋がる可能性がそこにあります。

3） 語彙や文構造の定着を促進する

テキストの音読はその中で使われている語彙や文構造の定着を促進します。目で見て確認した言語材料を音読すれば，その単語や文構造を視覚的に学習することに加えて，音声的かつ聴覚的に再学習することになります。オーラル・アプローチでは，音声優先主義 (speech primacy) の立場から，音声（つまり聞くことと話すこと）で学んだことを文字（つまり読むことと書くこと）で再度学ぶことによって，その定着を強化するという指導法が取られていました。しかし，強化の方向性は，音声から文字だけでなく，文字から音声でも構わないと思います。つまり，学習内容をなるべく多くの感覚に訴えて，その定着を図る多感覚アプローチの発想です。心理学の分野でも，なるべく多くの感覚に訴えて学習したほうが学習内容の保持率が高いことが一般に知られています。ゆえに，音読を数回繰り返し行えば，それだけ多くの感覚を通して学習する機会が確保され，その言語材料の定着を促進することになります。

4） リアルタイムでの直線的理解を促進する

テキストに含まれる個々の英文の意味を考えながら行われる音読は，黙読，その中でも速読で要求されるリアルタイムでの直線的理解を促進するという働きがあります。日本の中学生・高校生が英語テキストの音読をする場合，単語やフレーズの正確な音声化に気を取られるあまり，英文を理解する余力が残されていない場合が多々あります。その場合，テキストの音読が完了してその内容を尋ねてみると，ほとんど内容が頭に入っていません。逆に，英文の理解にこだわり過ぎると，音読が途切れ途切れになってしまいます。目標は，自然な流れで，テキストを構成している個々の英文を立ち止まらずに読み続け，同時にその速度で個々の英文の意味を瞬時に把握していくことです。これがスムーズにできるようになれば，英文の流れにそって，リアルタイムで直線的にテキストを理解していくことが可能になります。意味を考えながらの音読は，テキストをリアルタイムで直

線的に理解していく能力を育ててくれるのです。そして，この能力こそ，テキストの黙読ならびに速読で必要とされる能力なのです。

5）　スピーキングのための足場（scaffold）を形成する

　音読の最後の役割は，スピーキングの足場を提供してくれることです。先行研究においても，音読のプロセスとスピーキングのプロセスが一部重なり合っていること，その結果として，音読の継続的指導がスピーキング能力の伸長にも寄与することが報告されています (Morikawa, 2009)。國弘正雄氏が只管朗読を『英語の話しかた』の中で提唱されていたことを思い起こせば，最終的な意図もここにあったのかもしれません。それはともかくとして，このスピーキング能力への貢献が，昨今の音読ブーム，音読の再評価の背景となっていると思われます。

（2）　音読指導に求められる多様性

　音読の役割を理解していただいた後に必要となるのは，多様な音読指導を展開していくことです。教科書を見ながら，教師のモデルを聞いてクラス全体で繰り返す音読（いわゆるコーラス・リーディング）が一般的ですが，その方法だけでは生徒たちもすぐに飽きてきます。教師としては，音読の方法として多様なレパートリーを持っていることが望まれます。具体的なリーディング教材をもとに，説明します[1]。

　One photograph changed Hoshino Michio's life. He was a university student, and one day he was looking at a book about Alaska. A photograph in the book caught his attention. It was a photograph of a small village surrounded by wilderness. Michio wanted to visit and experience that place for himself. He wrote a letter to the mayor of the village. It took six months, but the mayor wrote back. He invited Michio to Alaska, and Michio's dream came true.

　For one summer, Michio lived among the Inuit people in that Alaskan village. He learned about Inuit food, family life, and culture. He also learned skills for living without city conveniences. For the Inuit, life

> depends on understanding nature. They have to hunt for meat and gather blueberries for food. Michio saw how humans and animals shared the land. That summer, he became a part of the Alaskan wilderness, too.

冒険家星野道夫氏のアラスカ体験を綴ったこの教材を使って音読練習を行うと仮定します。皆さんは，伝統的なコーラス・リーディングを含めて全部で幾通りの方法を考えつくことができますか。ベテランの先生であれば，すぐに多様な音読活動を思いつかれるでしょう。多様な音読活動を思いつくための観点として，以下のような観点が考えられます。なお，音読とは，本来，文字で書かれたテキストを音声化する活動ですが，ここでは，文字を見ずに教師の範読を繰り返す活動等も広義の音読活動として扱います。

1) 教科書の扱い
 ① 教科書を見ながら音読
 ② 教科書を閉じて音読
 ③ 教科書を一文単位で見た後すぐに顔を上げて音読 (顔上げ音読，または read and look up)

2) モデルは
 ① 教師 (JTE) の後について音読
 ② ALT の後について音読
 ③ CD の後について音読
 ④ ペアの相手の後について音読 (一方の生徒は教科書を見ながら音読し，もう一方の生徒は教科書を見ずに相手の音読をそのまま繰り返します。声が出にくいクラスで特に有効です)

3) 音読の人数は
 ① クラス全体でまとまって音読 (chorus reading)
 ② 生徒が各自のペースで音読 (buzz reading)
 ③ 1文ずつ順番に交代しながら音読 (relay reading)
 ④ クラスの代表 (個人かペア) が単独で音読 (individual reading)

4) 音読単位は
   ① センテンスまたは節単位で音読
   ② フレーズや意味の単位 (sense group) で音読 (slash reading とも呼ばれます)
   ③ 単語ごとに音読

5) タイミングは
   ① 教師のモデルに引き続いて音読 (consecutive reading)
   ② 教師のモデルより少し遅れて音読 (shadowing)
   ③ 教師と生徒が同時に音読 (simultaneous reading)

6) スピードは
   ① 学習者に優しいスピードで (learner-friendly speed)
   ② 自然なスピードで (natural speed)
   ③ 少し速めに (accelerated speed)

　これら6つの観点と，それぞれの観点に示された下位観点を組み合わせれば，それこそ50通りをゆうに越える数の音読活動が可能です。教師は，テキストの難易度や内容，長さ等を考慮して，当該テキストの音読にふさわしい練習形式を選択していくことになります。なお，ここで取り上げた音読を多様化するための観点には，リーディング教材を対象としている関係で，会話教材の音読において多用される役割音読 (role reading) は含まれていません。

(3) 音読支援プリントの作成

　生徒の中には，教科書を使っての音読が苦手な生徒もいます。教科書の左端から右端まで続いている英文などは，英語が苦手な生徒の理解の幅 (第1章で紹介した理解域) を超えているのです。この問題に対処するために，いわゆるスラッシュ・リーディングがよく行われていますが，ここでは，基本精神は同じながら，それとは異なる音読の方法を紹介します。次のような音読支援プリントを用意します。

センス・グループ・リーディング (A)

One photograph
changed Hoshino Michio's life.
He was a university student,
and one day
he was looking at a book
about Alaska.
A photograph in the book
caught his attention.
It was a photograph
of a small village
surrounded by wilderness.
Michio wanted to visit
and experience
that place for himself.
He wrote a letter
to the mayor of the village.
It took six months,
but the mayor wrote back.
He invited Michio to Alaska,
and Michio's dream came true.

センス・グループ・リーディング (B)

For one summer,	
Michio lived (a) the Inuit people	間で
in that Alaskan (v).	村
He (l) about	学ぶ
Inuit food, family life, and (c).	文化
He also learned (s)	技能
for living (w) city conveniences.	なしで
For the Inuit,	

```
life (d    ) on understanding nature.      依存する
They have to (h    ) for meat              狩りをする
and (g    ) blueberries for food.          集める
Michio (s    )                             理解する
how (h    ) and animals                    人間
(s    ) the land.                          共有する
That summer, he (b    )                    なる
a part of the Alaskan (w    ), too.        荒野
```

上のセンス・グループ・リーディング (A) は，センテンスの途中にスラッシュを入れる代わりに，基本的に1行ごとにセンス・グループが示されており，理解の幅が限られている英語が苦手な生徒にも取り付きやすくなります。最初は教師の後について音読を行い，慣れてきたら，教師からの音声キューなしに自分で音読して行きます。その場合注意すべきは，それぞれのセンス・グループ (つまり1行のフレーズ) を1つの息で音を続けながら音読することです。下のセンス・グループ・リーディング (B) は，センス・グループの一部 (単語) を空白にし，その空白に補われる英単語の訳をセンス・グループの右側に提示したものです。日本語訳を参考に，空白に補わなければならない英単語を瞬時に特定し，音読を継続していく必要があります。それだけ，単に文字を音声化すること (これだけでも大変な生徒もいるとは思いますが) よりも，認知的負荷 (cognitive load) が高まり，その結果として音読を通して単語の能動的な知識 (使える知識) を増やすことができます。また，日本語訳をヒントに空白に適切な単語を補いながら音読を行うため，否応なしにセンス・グループごとの意味を考えながらの音読となり，黙読に必要なリアルタイムでの直線的理解を促進することにも繋がります。

　音読をより能動的なものにするためには，次のような音読支援プリントも効果的です。

Progressive Oral Reading

Step 1

(O   ) (p   ) (c   ) Hoshino Michio's life. He was a university student, and one day he was looking at a (b   ) (a   ) (A   ). A photograph in the book (c   ) (h   ) (a   ). It was a photograph of a small village (s   ) (b   ) (w   ). Michio wanted to visit and (e   ) (t   ) (p   ) for himself. He wrote a letter to the mayor of the village. It (t   ) (s   ) (m   ), but the mayor wrote back. He invited Michio to Alaska, and Michio's (d   ) (c   ) (t   ).

Step 2

(O   ) (   ) (c   ) Hoshino Michio's life. He was a university student, and one day he was looking at a (b   ) (   ) (A   ). A photograph in the book (c   ) (   ) (a   ). It was a photograph of a small village (s   ) (   ) (w   ). Michio wanted to visit and (e   ) (   ) (p   ) for himself. He wrote a letter to the mayor of the village. It (t   ) (   ) (m   ), but the mayor wrote back. He invited Michio to Alaska, and Michio's (d   ) (   ) (t   ).

Step 3

(O   ) (   ) (   ) Hoshino Michio's life. He was a university student, and one day he was looking at a (b   ) (   ) (   ). A photograph in the book (c   ) (   ) (   ). It was a photograph of a small village (s   ) (   ) (   ). Michio wanted to visit and (e   ) (   ) (   ) for himself. He wrote a letter to the mayor of the village. It (t   ) (   ) (   ), but the mayor wrote back. He invited Michio to Alaska, and Michio's (d   ) (   ) (   ).

Step 4

(   ) (   ) (   ) Hoshino Michio's life. He was a university student, and one day he was looking at a (   ) (   ) (   ). A photograph in the book (   ) (   ) (   ). It was a photograph of a small village (   ) (   ) (   ). Michio wanted to visit and (   ) (   ) (   ) for himself. He wrote a letter to the mayor of the village. It (   )

( ) ( ), but the mayor wrote back. He invited Michio to Alaska, and Michio's ( ) ( ) ( ).

　表面上は，再生（リプロダクション）練習のように見えますが，スムーズに音読を進めていくためには，元の教科書教材の内容を思い出しながら，ヒント（空白に入る単語の最初の文字）を頼りに瞬時に空白に補うべき単語を特定していかなければなりません。当然，文字をただ音声化するだけの通常の音読よりは認知的負荷が高まります。また，ステップが上がるたびに，空白に入れるべき単語を特定するためのヒントが少なくなっていきます。最後には，すべてのヒントがなくなります。目標は，すべての空白にヒントが示されている Step 1 から，すべての空白にヒントが示されていない Step 4 に一気にたどり着くことです。途中で立ち往生した場合には，Step 1 に立ち戻って最初からやり直すルールにすれば，生徒のボルテージはいちだんと高くなります。生徒たちの目標は Step 4 になるべく早く到達することですが，教師の目標はこの活動の中で，同一のテキストを4回繰り返させることです。その過程で，音読への自信が形成されるだけでなく，テキストに使われている語彙や文法事項の定着が促進されます。

(4) 「なりきり音読」のすすめ

　最後に，音読をよりいっそうスピーキングに近づけるための有効な活動を紹介します。本節で取り扱ってきた星野道夫氏の活動に関する教材のように，著名人の人生や活動を取り扱っている教材を扱う場合には，これまで紹介してきた様々な音読活動に加えて，是非，生徒にその著名人になりきってテキストの音読をさせてみてください。テキストの登場人物になりきっての音読なので「なりきり音読」と呼んでいます。具体的には，生徒自身が主人公になるので，教材の中の三人称を，文脈に応じて一人称に変えていかなければなりません。しかも，それを瞬時に行わなければなりません。また，音読をする場合には，なるべくその人物になりきって聴衆に語りかけるように「顔上げ音読」(read and look up) をするように指示してみてください。生徒の音読は次のようになります。

> One photograph changed my life. I was a university student, and one day I was looking at a book about Alaska. A photograph in the book caught my attention. It was a photograph of a small village surrounded by wilderness. I wanted to visit and experience that place for myself. I wrote a letter to the mayor of the village. It took six months, but the mayor wrote back. He invited me to Alaska, and my dream came true.
>
> For one summer, I lived among the Inuit people in that Alaskan village. I learned about Inuit food, family life, and culture. I also learned skills for living without city conveniences. For the Inuit, life depends on understanding nature. They have to hunt for meat and gather blueberries for food. I saw how humans and animals shared the land. That summer, I became a part of the Alaskan wilderness, too.

中学校用教科書にも高校用教科書にも，この種の著名人を題材として，彼らの活動や経験や生き様を紹介する教材はかなりあります。筆者自身が「なりきり音読」との関係で特に気に入っているのは，次に示す Helen Keller の人生を扱った教材です[2]。読者の皆さんも，「なりきり音読」に挑戦してみてください。

> Helen Keller got sick when she was eighteen months old. When she got better, she could not see or hear at all. Because she could not hear, she could not learn to speak. Because she could not see, she could not learn to read. Helen lived in a dark, silent world.
>
> When she was almost seven years old, her parents could not control her any more. So they employed Anne as her teacher. Anne was twenty-one years old at that time.
>
> Anne gave Helen a doll and slowly spelled the word "d-o-l-l" on her hand. Helen was interested in this game and learned to spell words such as "m-u-g" and "w-a-t-e-r." But she could not understand the words.

Helen Keller は過去の人です。生徒たちにとっては，遠い異国で，しかも遠い昔に生きていた人物です。よって，与えられたテキストをそのまま音

読しても，感情移入することは困難です。第三者の立場から，Helen Keller の人生が淡々と説明してあるだけです。しかし，この生徒にとってはどちらかと言えば味気ない教材を Helen Keller その人になりきって音読させてみてください。Helen Keller になりきることによって，自分とは関係の薄い世界に住んでいた人物の生涯が，まさに自分自身の生涯になってきます。感情移入もしやすくなります。

　今度は，高校用教科書からの抜粋です[3)]。今日では一般的となっている背面跳びで走り高跳び界に革命をもたらした Dick Fosbury を扱っています。この教材も「なりきり音読」に最適の教材です。読者の皆さんも，Dick Fosbury になりきって，以下のテキストを音読してみてください。

> 　Fosbury was born in Oregon in 1947. He was only 16 when he started using his new technique. He was having trouble learning the standard technique called the straddle. His legs just weren't strong enough. Having rather skinny legs, Fosbury was searching for an alternative way to raise his body as high as possible. He found the answer in his Fosbury Flop. It gradually helped him to break his own records. In 1964, the Fosbury Flop attracted media attention, but it was mainly for its strange style. People didn't realize its potential yet. One newspaper captioned his picture, "World's Laziest High Jumper."

この「なりきり音読」の利点としては，以下のような点を挙げることができます。

1) 音読の真実性（authenticity）を高める

　「なりきり音読」は，もはや訓練的な音読ではなく，自己表現に近い活動になります。できれば，席の隣同士でペアを組み，ペアの相手に語りかけるように，「なりきり音読」をさせてみてください。上で取り上げた Dick Fosbury のテキストを例に取るならば，"I was born in Oregon in 1947. I was only 16 when I started using my new technique." という具合に音読を始めることになります。まさに，自分の身の上話を相手に聞かせる形になり，それだけ実際のコミュニケーションに近い活動になります。

2) 音読に伴う認知的負荷（cognitive load）を高める

「なりきり音読」をスムーズに行うためには，先読みをしなければなりません。先読みをして，どこを変更すべきか，あるいは修正は不要か，瞬時に決定しなければなりません。その意味で，通常の音読よりも読み手にかかる認知的負荷は高くなります。それだけ，より真剣に音読するテキストを見つめることになります。この認知的負荷の高まりが，テキストで使われている単語や文法項目の定着を促進する可能性があります。

3) 教材との心理的距離（psychological distance）を縮める

Helen Kellerの話にしても，Dick Fosburyの話にしても，生徒にとっては，時代的にも，地理的にも，自分たちが住んでいる世界から遠く離れた人物に関する話で，オリジナルのままでは，いくら有名な人物の話であっても，それほどの親近感は沸いてきません。しかし，「なりきり音読」で一人称を主語にして読んでいくと，不思議にも，教材との距離がかなり縮んだ感じになります。まさに，自分の生涯を他の人に語っている感じになります。それだけ，感情移入しやすくなります。よく，スピーチ・コンテストやレシテーション・コンテストなどで，指導を受けていた教員から感情を込めて話すようにと指示を受けてか，三人称を主語にしたままのテキストを大げさな身振り動作を付け，がなるように話す出場者も見うけられますが，おそらく，その場合も「なりきり音読」を実践していれば，ごく自然な感情移入が達成できたと思います。もっとも，通常のスピーチ・コンテストでは，元原稿が一人称で書かれていますので，いわば最初から「なりきり音読」になっているとも言えます。

4) スピーキングの基礎練習になる

上で取り上げたHelen Kellerに関するテキストを使って，「なりきり音読」をしてみましょう。"I got sick when I was eighteen months old. When I got better, I could not see or hear at all." という具合に，声に出して音読する前に，さっと先読みをして，どこを変更しなければならないのか，文の構造や文意を踏まえながら，瞬時に決定し，実際の音読でその変更を音声化しなければなりません。音声化する内容はテキストによって与えられますが，その内容に沿って必要な修正を施す作業は，スピーキングにおい

て頭の中で思いついた内容を瞬時に英語で音声化しなくてはならないプロセスと一部重なり合っています。よって,「なりきり音読」を繰り返せば,スピーキングの基礎練習になります。さらに,Helen Keller のテキストでの「なりきり音読」は,生徒と教材との心理的距離を縮め,もはや音読の域を超えて,自分の人生を語るスピーチに近づいてきます。これを何度も練習し,暗記し,テキストを見ずに行うと,暗唱のレベルを超えて,もう歴としたスピーチです。

5) ライティングの下準備となる

星野道夫や Helen Keller になりきって音読をした後で,それを文字化するという課題を与えてみてください。アラスカでの生活や,三重苦のもとでの自分の生い立ちについて,書くことになります。場合によっては,レッスン全体を,一人称を主語にして書き換えることになります。「なりきり音読」ならぬ「なりきりライティング」ですが,単なる教科書本文の書き写しよりも,はるかに自己表現に近い活動になります。次に示すのは,上で紹介した Helen Keller の教材を元にした「なりきりライティング」です。

I got sick when I was eighteen months old. When I got better, I could not see or hear at all. Because I could not hear, I could not learn to speak. Because I could not see, I could not learn to read. I lived in a dark, silent world.

When I was almost seven years old, my parents could not control me any more. So they employed Anne as my teacher. Anne was twenty-one years old at that time.

Anne gave me a doll and slowly spelled the word "d-o-l-l" on my hand. I was interested in this game and learned to spell words such as "m-u-g" and "w-a-t-e-r." But I could not understand the words.

日々の授業の中でライティングの時間が取りにくければ,この活動は宿題にしてもよいと思います。ライティングの指導がおろそかになりがちな今日,是非この活動を取り入れてみてください。ライティングの下準備として,すばらしい活動になります。このように,「なりきり音読」と「なり

きりライティング」では，自然な形でのリーディングとスピーキング，リーディングとライティングとの連携，つまり技能間のインタラクションが成立しています。

学習指導要領では，四技能の統合的な活用を図り，四技能を総合的に指導する必要性が唱われています。ここで紹介した「なりきり音読」と「なりきりライティング」の活動は，それを具現化した1つの指導法，しかも無理のない持続可能な指導法だと思います（伊東，2014b）。

2. 発問を媒介とした教材・学習者・教師間のインタラクション

(1) 発問は教室内インタラクションの触媒

教師による発問は，英語科に限らず，教師が教室内で行う教授活動の中で最も基本的でありながら，最も教師の創造性が要求される教授活動です。教師による発問のない授業は存在しません。それゆえ，発問は様々な目的で活用されます。たとえば，教師の発問を軸とした英語でのQ&Aは，前節で扱ったリーディングと他技能とのインタラクションの一形態として位置づけることも可能です。生徒は，教師の口頭での発問を聞く（リスニング），発問に答える（スピーキング），あるいは発問の解答をノートに書く（ライティング），などの活動に従事することになります。

ここでは，発問を，次の図が示すように，英語授業を構成する三大要素である教材，学習者，教師それぞれの間のインタラクションを推進する触媒として位置づけます。

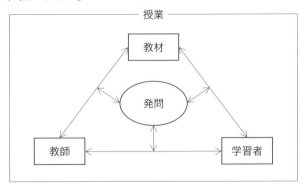

まず，発問は教師と学習者の間のインタラクションを促進します。よく考えられた発問は，訳読中心の授業のように教師による一方通行的な授業を，教師と学習者の間での双方向的な授業，つまり本書で追求してきたインタラクティブな授業に転換するための主要な手段になります。加えて，発問は，学習者と教材とのインタラクションを促進します。教師による発問は学習者の注意を教材に向け，学習者による教材理解を支援し，深化し，強化します。さらに，発問は教師と教材のインタラクションを促進します。教材研究の段階で，次回の授業で発する問いを考えることは，教師による教材研究を深化し，結果的に英語授業全体の深化に繋がります（伊東，1997）。教科書教材にさっと目を通し，その内容を日本語で押さえておくだけでは，授業は深化しません。英語教材を日本語に置き換えるだけのおざなりの授業になってしまいます。このように，発問には教室内インタラクションを促進する機能が備わっていますが，その発問が最も重要な役割を担うのは，やはりなんと言ってもリーディングの授業においてです。

(2) リーディング指導における発問の役割

英語リーディングの授業における発問は，英語授業を双方向的（インタラクティブ）にすると言っても，とかく学習者の教材の理解度を確認するために行われてきた感があります。もちろん，理解度をチェックすることも発問の重要な機能ですが，発問には学習支援に繋がる重要な役割もあります。リーディングの学習を支援する発問の短期的役割，つまり1時間の授業の中での役割としては，以下の4点が指摘できます。

① 学習者がテキストをより注意深く見つめるようになる
② 学習者とテキストとの交渉 (negotiation) を深化する
③ 学習者のテキストに対する認知的負荷を高める
④ 当該言語材料の定着を促進する

教師からの発問（言語材料に関わるものと内容に関わるもの）に対する答えを自分なりに探すべく，学習者は教材テキストをより注意深く見つめることになります。ある意味で，意味中心の指導の中で形式に注意を向けさせるこ

とを狙ったフォーカス・オン・フォーム (focus on form) 的な活動が自然な形で実行できます。加えて，教師からの発問に対する答えのヒントをテキストから見つけようとすると，テキストとの意味交渉 (negotiation) が深化します。それがテキストへの認知的負荷 (cognitive load) を格段に高めることに繋がり，結果的に教材テキストに含まれる言語材料の定着が促進されることになります。

さらに，リーディングの学習を支援する発問の長期的役割，つまり，指導期間全体を通じての役割としては，以下の3点が指摘できます。

① 読み方の学習
② 考え方の学習
③ 主体的思考 (critical thinking) の推進

英語で書かれたテキストを読む場合，必ずしもパラグラフの最初から字面を追って理解していくことが正しい読み方とは限りません。仮に，そのテキストに挿絵か写真が添えられていれば，まず，それらに関する発問を通して，生徒たちの中に，これから読んでいくテキストを取り巻くスキーマを呼び起こすことも効果的です。また，そのテキストにタイトルがついていれば，タイトルに関わる発問も，テキストへのレディネスを高めるための効果的な方法です。場合によっては，いきなり最後の結論の部分に関する発問を通して，なぜその結論に至るのか，問題意識を持ってテキストを読み進めるように生徒たちを導くこともできます。要は，よく考えられた発問を通して，英語テキストの読み方を知らず知らずのうちに生徒たちに会得させることができるのです。

加えて，作者の意図や，取り扱われている事象の背景に関する発問を通して，表面的な理解からより深い理解へ，いわゆる言外の意味や行間の理解へと生徒を導き，結果的にものごとの考え方を教えることも可能です。教師からの「なぜ」「どうして」という発問に接する中で，生徒たち自身がテキストを読むときに，自ら「なぜ」「どうして」と自問自答するようになることが，たとえ外国語での読解作業においても目指されるべきだと考えています。つまり，語彙や文法事項の理解だけでなく，国語科の現代文の授業での読解に近づけるように指導したいものです。そうすることによっ

て初めて，外国語としての英語の授業でも主体的思考 (critical thinking) の推進が可能になると思います (cf. Correia, 2006)。試験で良い成績が取れるようになるための指導ではなく，あくまで人間教育としてのリーディング指導を目指したいと思います (cf. 三浦, 2014; 三浦・中嶋・池岡, 2006)。

(3) 発問に求められる多様性

まずは発問づくりに挑戦してみましょう。次に示すのは，大学の英語科教育法の授業で発問指導を扱う時に受講生に提示してきた教科書教材です。映画俳優 Audrey Hepburn の生い立ちを紹介した教材です[4]。

> Hepburn had a difficult time when she was a child. Although her father was rich, he left the family when she was young. Her mother took Audrey to the Netherlands when she was ten. She thought it was a safe place, but the German army took over the Netherlands when Audrey was eleven. Her dream of becoming a ballerina had to wait.
>
> During the war, Hepburn's life was very difficult. After the German army came, their life changed. There was never enough food. There wasn't even firewood to keep warm. Many people died because of hunger and the cold, especially young children and old people. Hepburn also suffered from hunger. She became very weak. When there was no food, she even ate tulip bulbs.

この教材をもとに，隣同士相談しながら英語での発問を作るように指示すると，なんとか以下のような発問が出てきます。

① When did Audrey's father leave the family?
② What did her mother do after her father left the family?
③ How old was she when she moved to the Netherlands?
④ What happened when she was eleven?
⑤ How was her life during the war?
⑥ How did their life change after the German army came?

⑦ Why did many people die?
⑧ What did she do when there was no food?

すぐに授業で使えそうな発問が示されていますが，ただ，この発問リストには2つの共通点があります。1つは，すべて疑問詞で始まる特殊疑問文 (special questions) であるという点です。もう1つは，すべてその答えが教科書教材の中に含まれているという点です。もちろん，このこと自体決して悪いことではありません。文部科学省によって示された「授業は英語で」（文部科学省，2009, p.116）という指針をリーディングの授業で生かすためには，これらの発問は必要です。しかし，発問が持っている教育的潜在力を生かすためには，まだまだ工夫が必要です。教師には，授業で使用する教材，授業の目的，学習者のニーズ等を考慮して，多様な発問を準備し，その場その場で最適な発問を投げかけていくことが求められます。そのためには，教師自身がまず状況に応じて多様な発問が作れるほどのストックや，そのストックの中から当面の状況に最もふさわしい発問を作成する力量を持っていることが必要です。

（4） 多様な発問を生み出すための視点

ここでは，多様な発問を生み出すための視点について，考えていきます。発問に関しては，授業中に行う発問だけでなく，定期テスト等で使用する発問もその守備範囲に入ってきますが，ここでは，議論の拡散をさけるため，授業中での発問を念頭に入れて，議論を進めます。

1） 使用言語

リーディングの授業で発問をする場合，というより教材研究の段階で発問を考える場合，まず決めなければならないことは，その発問を生徒の母語である日本語で行うのか，目標言語である英語で行うかという点です。加えて，生徒からの返答も日本語でよいのか，英語にすべきか，決定しなければなりません。発問と返答がセットになったQ＆A活動はその使用言語に応じて次の4類型が理論的に考えられます。

① 英問英答 (English Questions & English Answers)
② 英問日答 (English Questions & Japanese Answers)
③ 日問日答 (Japanese Questions & Japanese Answers)
④ 日問英答 (Japanese Questions & English Answers)

　これら4つの類型のうち，4番目の日問英答 (Japanese Questions & English Answers) は，理論的には可能ですが，実際に授業では行われることはないと思います。生徒から英語での返答を期待する以上は，当然教師も英語で発問すべきでしょう。教師が楽をして，生徒が苦労するという構図自体は，ある意味では教育的かもしれませんが，英語教師は生徒にとって外国語としての英語の学習に成功したモデルとしての役割も兼ねそなえているので，生徒から英語での返答を求める場合は，教師も英語で発問すべきだと思います。

　さて，すでに上で触れたように，高等学校学習指導要領の改訂に伴い，「英語に関する各科目については，その特質にかんがみ，生徒が英語に触れる機会を充実するとともに，授業を実際のコミュニケーションの場面とするため，授業は英語で行うことを基本とする」という指針が提示されました。これを受けて，多くの英語教師が授業を英語で行う方向に転換しつつあります。この指針は，当然，リーディング指導にも適用されます。その結果，発問に際してもなるべく英語を使用することが勧められています。よって，これからの英語授業では，上で示した4つの発問類型のうち，1番目の英問英答への比重が高くなると思われます。

　しかし，文部科学省によって示された指針を金科玉条のごとくに崇め，発問においても英問英答ばかりしていると，生徒の英語力を考えて，英語で返答しやすい発問ばかりをしてしまいがちになります。教材によっては，英語での返答が難しい発問をせざるを得ない場合も出てきます。そのような場合には，日本語での返答を保証する英問日答や日問日答も，生徒の教材理解を深めるための有効な手段になります。つまり，日本語での返答の可能性を排除すべきではないと考えます。要は，「授業を実際のコミュニケーションの場面とする」ことが求められており，その中でも生徒の母語である日本語の存在価値は十分にあると思います。

2) モード

　発問のモードとは，発問を音声で生徒に提示するのか，それとも文字で提示するのかという選択に関わっています。通常のリーディングの授業では，生徒たちからの返答に即座に対応するために，発問は音声モードで提示されることになりますが，ICT が普及してきた今日，音声で提示される発問を正確に聞き取れない生徒の存在を考慮して，プレゼンテーション・ソフトを使って，つまり音声モードに加えて文字モードでも発問を提示してよいと思います。プレゼンテーション・ソフトのアニメーション機能を使えば，発問の中身とその模範的返答を1つずつ文字モードでも確認しながら，Q&A を続けて行くことができます。音声モードのみの Q&A について来られない生徒には効果的です。ただ，これ以降の議論では，基本的に音声モードでの発問を念頭に議論を進めて行きます。

3) 形式

　上で触れた英問日答や日問日答の存在意義を認めながらも，授業を英語での実際のコミュニケーションの場とするという指針に鑑み，ここでは英語での発問に限定して多様な発問を生み出すための工夫について議論を進めます。さて，英語の発問には，その形式に注目すると次の3つの形式が存在します[5]。

① 一般疑問文 (General Questions)
② 選択疑問文 (Alternative Questions)
③ 特殊疑問文 (Special Questions)

　上で触れたように，教科書教材から英語での発問を作る場合，とかく特殊疑問文が中心になりがちです。普段の英語授業では，おそらく特殊疑問文での発問が基本となって Q&A が進行していくものと考えられます。しかし，クラスのすべての生徒が，英語が得意なわけではありません。中には英語が苦手な生徒もいます。そのような生徒は，この種の特殊疑問文での発問にすぐに返答できない可能性があります。発問自体が理解できていない可能性もあります。そのような場合，つい同じ発問をそのまま繰り返してしまいがちですが，英語が苦手な生徒にとっては，クラスメートの前

で教師の発問にすぐに返答できない自分をさらすことになります。最悪の場合は，返答が出てこないので，次の生徒に返答を求める場合があります。授業を予定通り進める上では，それもやむなしかもしれませんが，置いてきぼりにされた英語が苦手な生徒の心中はいかなるものでしょうか。ますます英語ぎらいになってしまう可能性があります。

　そこで，特殊疑問文での発問，たとえば，上で触れた Audrey Hepburn に関する教科書教材から作られた発問リストの中の発問 "What did her mother do after her father left the family?" に対する返答がすぐに出てこない場合は，以下に示しているように，同じ質問を繰り返すのではなく，生徒から返答を引き出しやすくなる選択疑問文 "Did she stay in Germany with Audrey, or did she take her to the Netherlands?" や一般疑問文 "Did she take Audrey to the Netherlands?" に変更してみてください。

　　教師： What did her mother do after her father left the family?
　　生徒： 無言
　　教師： Did she stay in Germany with Audrey, or did she take her to the Netherlands?
　　生徒： 無言
　　教師： Did she take Audrey to the Netherlands?
　　生徒： Oh, yes, she took Audrey to the Netherland.

最初の特殊疑問文での発問に答えられなかった生徒でも，最終的には英語で返答できるかもしれません。このように，英問英答を行う場合，特殊疑問文が主流になると思いますが，絶えずその裏に選択疑問文や一般疑問文を準備しておく心構えと教材研究が必要です。

　なお，一般疑問文での発問は，読解テストでよく活用される True or False の問題と基本は同じです。また，特殊疑問文での発問の難易度を下げるためには，いわゆる多肢選択法も有効です。これらは，純粋な意味での発問にはなっていませんが，発問と同じように扱ってよいと思います。ただ，これらはどちらかと言えば，授業中よりも定期テスト等での使用が一般的かと思われます。

4) 機能

次に，発問の機能に注目すると，次のような2つの類型が考えられます（Long & Sato, 1983）。

① Display Questions
② Referential Questions

どちらにもきちっとした日本語訳が存在していませんが，Display Questions とは，要するに発問する教師自身がその答えを知っている発問で，その反対に Referential Questions とは，教師がその答えを知らない発問です。Audrey Hepburn に関する教科書教材から作られた8つの発問はすべて，その答えの根拠がテキストの中に含まれており，その答えをあらかじめ教師が準備していると考えられるので，Display Questions であると考えられます。この種の発問での Q & A は，通常次のような形になります。

教師： When did Audrey's father leave the family?
生徒： He left the family when she was young.
教師： Good. He left the family when she was young.

生徒の返答に教師がどうして Good と返すかというと，教師が発問する前からその答えを知っており，生徒からの返答が，自分が準備した答えと同じだったからです。一方，Referential Questions を使っての Q & A は，次のような形になります。

教師： Have you ever eaten tulip bulbs?
生徒： No, I haven't.
教師： Would you like to try to eat them?
生徒： No, I wouldn't. I don't think they are tasty.

Display Questions を使っての Q & A で取り交わされる情報は，いわば既知の情報であり，「授業をコミュニケーションの場とする」という観点からすれば，Display Questions はあまり勧められないような発問に思えるかもしれませんが，決してそんなことはありません。Display Questions を発す

ることによって，以下のように，教師は学習者のテキスト理解度をチェックしたり，テキストで使用されている言語表現を再生させてその定着を支援することもできます。

教師： How old was Audrey when she moved to the Netherlands?
生徒： She was ten years old.
教師： What happened when Audrey was eleven years old?
生徒： The German army took over the Netherlands.

ただ，Display Questions ばかり使用していると，Q＆A 活動で生徒が自己表現する機会が限られてきます。やはり，時々 Referential Questions を使って，生徒から自己表現を引き出し，Q＆A の中で新情報を伴うコミュニケーション活動を展開することも必要です。ただ，その場合，生徒たちからどのような返答が返ってくるかあらかじめ想定することはできません。上の Referential Questions の例で示したように，どんな返答が戻ってきても，即座に対応し，さらに会話を続けるだけの柔軟性とそれを可能にする英語力も教師に求められます。

5) レベル

前節の機能別類型と相通ずるところもありますが，教師からの発問をレベル別に分けると，次のような3種類が考えられます (Howatt & Dakin, 1974)。

① Factual Questions（事実関係を尋ねる発問）
② Inferential Questions（推論を求める発問）
③ Personal Questions（個人に関わる発問）

上で取り上げた Audrey Hepburn に関するテキストを再び例に取るならば，それぞれの類型に対して，以下のような発問が考えられます。

① Factual Questions（事実関係を尋ねる発問）
　1) How old was Audrey when her mother took her to the Netherlands?
　2) What did she want to be when she was a child?

② Inferential Questions（推論を求める発問）
1）Why did Audrey's mother decide to take her to the Netherlands?
2）How did Audrey feel when she had to eat tulip bulbs?

③ Personal Questions（個人に関わる発問）
1）Have you ever watched Audrey Hepburn's movies?
2）Would you like to be a movie star?

　Factual Questions は，その性格上，機能別類型で取り上げた Display Questions になります。ここで例示した Factual Questions は，いずれもその答えのヒントがテキストに含まれているので，Display Questions になります。Inferential Questions は，推論の中身に応じて，Display Questions になったり，Referential Questions になったりします。上の例で言えば，"Why did Audrey's mother decide to take her to the Netherlands?" は，テキストをきちんと読めば，"Because she thought that the Netherlands would be a safe country." という返答が想定できるので，Display Questions であると言えます。一方，"How did Audrey feel when she had to eat tulip bulbs?" のほうは，その答えのヒントがテキストに含まれていないので，生徒は各自で彼女がどんなふうに感じたのか，推し量ることになります。当然，生徒からは様々な答えが返ってくることが想定されるので，Referential Questions であると考えられます。最後の Personal Questions は，テキストの内容に関連して，生徒個人の感想や希望，経験について尋ねることになるので，当然，Referential Questions になります。なお，参考までに，Nuttall（2005）もレベル別に発問を分類しており，以下の6つのタイプを示しています。

　　タイプ①：文字通りの理解を尋ねる発問
　　タイプ②：再構成や再解釈を求める発問
　　タイプ③：推論を求める発問
　　タイプ④：評価を求める発問
　　タイプ⑤：個人的反応を求める発問
　　タイプ⑥：筆者の意図を考えさせる発問

タイプごとにだんだんレベルの高い発問になっていますが，タイプ ① は，Howatt & Dakin (1974) の分類に従えば，Factual Questions に，タイプ ③ は Inferential Questions に，タイプ ⑤ は Personal Questions に相当します。

1 つ注意しなければならないことがあります。ここで取り上げた発問の提示順序は，授業での発問の順番を意味するものではありません。Personal Questions など (例: "Have you ever watched Audrey Hepburn's movies?") は，多くの場合，テキストの一応の内容理解と説明が完了した後で，テキストと生徒の間の距離を縮めるために提示される傾向にありますが，テキストの内容理解に入る前に，テキストへのレディネスを高めるために，最初に発問しても構いません。ここで取り上げた 3 つや 6 つの類型の発問をどの順番で，どの割合で生徒に提示するかについては，決まった法則はありません。テキストの内容との関連で，それぞれの教師が試行錯誤しながら，その順番や割合を決めていくことになります。そこにそれぞれの教師の個性が発揮されます。

6) 当事者 (誰が誰に)

最後に，発問の当事者 (誰が誰に) の観点から発問を分類すると次の 3 つの類型が考えられます。

① 教師が生徒に発問 (T-P 型)
② 生徒が教師に発問 (P-T 型)
③ 生徒が生徒に発問 (P-P 型)

T-P 型は，ごく一般的な発問で，Q & A のほとんどがこの型の発問で行われます。P-T 型や P-P 型は，テキストに関する発問を生徒に作らせて，作った発問を教師や他の生徒に提示する場合に活用されます。いつも T-P 型の発問ばかり使用していると，生徒はあくまで返答者の立場に立たされ，自らが発問する機会がないため，疑問文を作るという経験が不足してしまいます。その結果，テキストに対する姿勢もどちらかと言えば，受け身的になってきます。もし，自ら発問を作るように要求されると，テキストとのネゴシエーションが活発になり，テキストをより深く理解することに繋がります。テキストに対する姿勢も，主体的になってきます。また，発問す

るためには，自ら疑問文を作らなければならず，日本人学習者が苦手とする英語の語順の定着にも繋がります。

　さらに，P-P型は，たとえその中で使用される発問がDisplay QuestionsやFactual Questionsであったとしても，生徒同士の間でのインタラクションを活発にする働きがあります。その結果，テキストへの姿勢が一段と主体的になり，ともすれば一方向的で静かな授業になりがちなリーディングの授業が，勢い活気づくことになります。

(5) 英語での発問作りのコツ

　以上，リーディングの授業での発問を多様化するための方策について，6つの視点から考えてきましたが，「授業は英語で行うことを原則とする」という学習指導要領に示された指針を受けて，今後英語での発問の重要性がますます高まることが十分予測されます。この点を視野に入れて，ここでは，授業で使用する教科書の中の教材から英語での発問を作るためのコツを紹介したいと思います。

　再度，上で紹介したAudrey Hepburnに関するテキストを例にとります。その中の次の英文から発問を作ることにします。

　　英文：Her mother took Audrey to the Netherlands when she was ten.

この1文からどんな発問が作成可能でしょうか。とりあえず，特殊疑問文に限定して，発問を考えてみましょう。この際に役に立つのが，発問指導の分野では定石となっている5WH1Hというガイドラインです。具体的には，その名称が示すように，Who, Where, What, When, WhyおよびHowで始まる発問を考えていくわけです。すると，上の英文からは次のような発問が可能です。

　① When did Audrey's mother take her to the Netherlands?
　② Where did Audrey's mother take her when she was ten?
　③ Who took Audrey to the Netherlands when she was ten?
　④ What did Audrey's mother do when she was ten?

⑤ What happened when Audrey was ten years old?
⑥ Why did Audrey's mother take her to the Netherlands?
⑦ How did Audrey's mother take her to the Netherlands?

　このうち，⑦に関してはその答えに相当する部分がテキストに含まれていませんが，それ以外はすべて返答のヒントがテキストに含まれており，この1文からでも多様な英語での発問が作成可能です。
　ただ，5WH1Hの質問は，ともするとDisplay QuestionsあるいはFactual Questionsに偏りがちです。もちろん，Factual Questionsにも，学習者の教材理解度を確認したり，テキストで使用されている言語表現を返答の中で使わせるなど，それなりの利点はありますが，学習者の読みを深めるためには，テキストには明確に書かれていないことを推論させる発問や学習者から自分なりの解釈や意見を引き出す発問も必要です (p. 117参照)。本来，そのレベルの発問は日本語でなされる傾向にありますが，工夫次第で英語でも可能です。また，質問は英語だけれども，回答は日本語，いわゆる英問日答でも構わないと思います。なお，読みを深めるための発問作りに関しては，拙論（伊東，1999）や田中・田中（2009）も参照してください。
　いずれにしても，授業で使用するテキストには，通常，いくつも英文が含まれていますので，この5WH1Hからの発問作りのコツを自分のものにし，かつ，上で紹介した6つの視点を意識すれば，それこそ1時間の授業では扱いきれないほどの発問が作成可能になります。実際の授業では，その中から最も適切な発問を取捨選択していくことになるのです。このように，リーディングの授業での教師の主な仕事は，まさにこの発問作りにあると言っても決して過言ではありません。

(6) 「なりきり音読」から「なりきりQ&A」へ

　テキストの内容理解度を確認したり，内容理解を進める発問は，多くの場合，登場人物に関わる情報をやりとりする発問になります。Audrey Hepburnに関するテキストに基づく以下のようなQ&Aのように，いわば，第三者の立場つまり傍観者の立場から，登場人物やそのまわりで起こった出来事についてQ&Aを行うことになります。

教師： When there was no food, what did Audrey do?
生徒： She even ate tulip bulbs.

テキストとのインタラクションをより深化させるためには，時には，傍観者の立場ではなく，当事者の立場でのQ&Aを行ってみてください。生徒をAudrey Hepburnに見立てて発問するのです。生徒は，Audrey Hepburnになりきって返答することになります。

教師： When there was no food, what did you do?
生徒： I even ate tulip bulbs.

傍観者の立場からのQ&Aではたぶんに訓練的要素を含んだQ&Aになってしまいがちですが，当事者の立場に立つ「なりきりQ&A」は人間味のあるコミュニケーションに近づいてきます（伊東, 2008；伊東, 2010）。ただ，この「なりきりQ&A」を行うためには，前もって，前節の音読のところで紹介した「なりきり音読」をしておくことが必要です。何度も同じ例を出して恐縮ですが，傍観者の立場から書かれたAudrey Hepburnに関するテキストを「なりきり音読」すると，以下のようになります。

> I had a difficult time when I was a child. Although my father was rich, he left the family when I was young. My mother took me to the Netherlands when I was ten. She thought it was a safe place, but the German army took over the Netherlands when I was eleven. My dream of becoming a ballerina had to wait.
>
> During the war, my life was very difficult. After the German army came, our life changed. There was never enough food. There wasn't even firewood to keep warm. Many people died because of hunger and the cold, especially young children and old people. I also suffered from hunger. I became very weak. When there was no food, I even ate tulip bulbs.

この「なりきり音読」の後で，以下のような「なりきりQ&A」を行って

みてください。

教師： When did your father leave the family?
生徒： He left the family when I was young.
教師： What happened when you were ten?
生徒： My mother took me to the Netherlands.
教師： Why did your mother take you to the Netherlands?
生徒： I'm not sure, but she thought it was a safe place.
教師： After the German army came to the Netherlands, how did your life change?
生徒： There was never enough food. There weren't even firewood to keep warm.
教師： What did you do when there was no food?
生徒： I even ate tulip bulbs.

　この「なりきりQ&A」では，たえず生徒が登場人物になりきる必要はありません。時には，教師自身がAudrey Hepburnになりきって生徒からの質問に答える形や，ペアのどちらかがAudrey Hepburnになりきって生徒同士で「なりきりQ&A」を行うこともお勧めです。仮にALTとのTeam Teachingであれば，ALTにAudrey Hepburnになりきってもらって，生徒からの質問に答える形にすれば，「なりきりQ&A」ながら，より実際のコミュニケーションに近い形になります。ALTには，生徒からの質問に答えるときには，是非，アドリブで追加情報を加えるように指示してみてください。

生徒： When there was no food, what did you do?
ALT： I even ate tulip bulbs. They tasted terrible. But we had to eat them since we were almost starved to death. Anyway, I don't want to eat them again at all.

　この「なりきりQ&A」のメリットとしては，次の5つが考えられます。

① 発問の真実性 (authenticity) を高める
② 教材との心理的距離 (psychological distance) を縮小する
③ 教材に対する認知的負荷を高め，自然な形でフォーカス・オン・フォームが実現できる
④ 質問をする能力を育てる
⑤ 学習者からアウトプットを引き出す

まず第1に，「なりきりQ＆A」を通して，ともすれば無味乾燥になりがちなリーディングの授業を，リーディングの技能だけでなく，リスニングやスピーキングの技能を駆使する中身のあるコミュニケーションの場へと変容させることができます。つまり，発問の真実性を高めることができます。次に，生徒がテキストの主人公になりきることによって，生徒とテキストとの心理的距離が一気に縮小していきます。教師からの「なりきり発問」に，当事者のごとく返答するたびに，テキストとの距離が縮まっていきます。さらに，第三者の視点から書かれたテキストをもとに，教師からの「なりきり発問」に的確に答えるためには，瞬時に主語の代名詞を換え，それに連動して他の部分も変更しなければなりません。リアルタイムでの置換作業が必要になり，単なる事実関係を理解するだけのリーディングと比べて，認知的負荷が格段に高くなります。第4に，主人公になりきった教師（ALTも含む）や級友に質問することを通して，質問する能力を養うことができます。テキストに書かれている情報をいかにして主人公になりきった教師や級友から引き出せばよいのか，最適の質問形式を求めて思案することになります。最後に，単に受け身的にテキストを読んで理解するだけでなく，主人公になりきって教師からの質問に英語で答えていく中で，自然にアウトプットが増えていきます。リーディングの授業では，テキストの音読以外には英語でのアウトプットがなかったということも決して珍しくありません。「なりきりQ＆A」は，そのような受け身的な授業を，アウトプットの推進を通して，より能動的で主体的な授業へと変革していくことができます。

この「なりきりQ＆A」の手法は，第1節の「なりきり音読」で取り上げた星野道夫氏のアラスカでの体験を取り扱った教材のように，基本的には誰か有名人を扱った教材で，かつ三人称で書かれた教材で行うことがで

きます。中学校用教科書にも高校用教科書にもこの種の教材は多く含まれていますので，是非挑戦してみてください。

(7)　「なりきりインタビュー・テスト」で Active Reading

　ALT との Team Teaching が行える環境であれば，「なりきり Q＆A」を，ALT が聞き手となって，主人公になりきった生徒にインタビューする形でのスピーキング・テストに変えることもお勧めです。インタビューの時間はひとり 1 分でも構いません。主人公になりきった生徒に，ALT が次々にインタビューをしていくのです。生徒は，その主人公になりきる以上，このインタビュー・テストへのテキスト持ち込みは不可とします。テキストを何度も読み込んで，聞かれる質問を予測し，その返答方法を練っておく必要があります。今回は，漫画家手塚治虫を扱ったテキストで[6]，「なりきりインタビュー・テスト」を実施することにします。教科書に掲載されているテキストは以下の通りです。

　When Tezuka was in junior high school, World War II started. The students had to have military training. During training, Tezuka got very sick and had to be in the hospital. After he was cured by a doctor, he dreamed of becoming one in the future.

　B-29 bombers attacked night after night. Fires broke out everywhere, and many died. Somehow, he survived and entered a medical school in July, 1945.

　The war finally ended on August 15 that year, and Tezuka was happy. He knew he didn't have to worry about the bombs any more. "I can draw as many comics as I like now!" he thought. He wanted to draw comics, but he couldn't make up his mind. One day he asked his mother, "Should I be a doctor or a cartoonist?" She said, "Which would you rather be?" Tezuka answered, "A cartoonist." "Then you should be one," his mother told him.

このテキストを使って「なりきりインタビュー・テスト」をするためには，

まず，生徒に手塚治虫になって，「なりきり音読」を何回もしておくように指示します。次に，質問者 (Interviewer) となる教師，なるべくならば ALT が，事前に「なりきり Q&A」のための質問を準備します。インタビュー・テスト自体は，できれば Team Teaching の時間を活用し，ALT が別室（別室が準備できなければ，廊下や教室の角を活用）で生徒1人につき1分間の割合で，順次実施していきます。40人クラスであれば，2回の授業で実施可能です。次に示すのは，「なりきりインタビュー・テスト」の予想される流れです。

ALT： So how old were you when World War II started?
生徒： I was 12 years old.
ALT： What was your dream when you were a junior high school student?
生徒： My dream was to become a doctor.
ALT： Why did you want to be a doctor?
生徒： I got very sick during the military training, and had to be in the hospital. I was cured by a doctor. So I decided to become a doctor.
ALT： I see. Somehow you survived the attack by B-29 bombers and entered a medical school, right?
生徒： Yes, I did.
ALT： When was that?
生徒： In July, 1945, just before the end of the war.
ALT： How did you feel when the war finally ended?
生徒： I was happy. I knew I didn't have to worry about the bombs any more.
ALT： But you still liked drawing comics, didn't you?
生徒： Yes, I did. So I could not make up my mind about my future, to become a doctor or a cartoonist.
ALT： Then what did you do? Did you ask advice from somebody?
生徒： I asked my mother whether I should be a doctor or a cartoonist.
ALT： What did she say to you?
生徒： She asked me which I would rather be, a doctor or a cartoonist.
ALT： What was your answer?

生徒： I said to my mother, "I would rather be a cartoonist."
ALT： Then what did she say to you?
生徒： She told me that I should be a cartoonist, so I decided to be a cartoonist.

一般的なインタビュー・テストでは，生徒の趣味や嗜好や将来の夢について尋ねるのが定番となっていますが，生徒は意外に他人になりすましたほうがより創造的になる傾向もあります。もちろん，インタビューがここで紹介したようにスムーズに進むとは限りませんが，「なりきりQ＆A」の手法を使ってのインタビュー・テストは，質問者がALTであっても，JTEであっても，生徒はインタビューに答えるために事前に何度もテキストを「なりきり音読」の形で音読し，かつ，自分なりにインタビューのシミュレーションを行って，インタビューに備えることになります。この準備作業が，単に内容を読み取るだけの受け身的なリーディングを，能動的で主体的なリーディングへと変えていくことになります。リーディング指導でのアクティブ・ラーニングの1つの有力な候補になると思います。

(8) 発問を起点としたブレイン・ストーミングで教材理解を深化

　発問と聞くと，たいがい，教師の発問に1人の生徒が答えていく1対1のやりとりを想定しがちです。これまで観察してきた中学校や高校の授業でも，そのような形の発問が多くありました。別に今はやりのアクティブ・ラーニングに迎合するわけではありませんが，教師による発問に対して，ペアやグループでブレイン・ストーミングをしてから，ペアないしはグループの考えを発表する形の発問指導があってもよいと思います。これまで取り上げてきた発問を媒介とした教師と生徒たちとの間のインタラクションや個々の生徒と教材とのインタラクションに加えて，それらのインタラクションから得られた自分なりの解釈を，ブレイン・ストーミングを通してペアやグループで共有し合うインタラクションが加われば，より充実したインタラクティブなリーディング指導になると思われます。

　具体的なリーディング教材を例にとって説明します。次に示すのは，有名なタイタニック号の沈没事故の際にひとりの女性が取った勇気ある行動

を扱った教材です[7]。沈みかけたタイタニック号の甲板に女性が残されています。その女性の子どもたちはすでに救命ボートに脱出ずみです。甲板の上から救助を求めますが，救命ボートはすでに満杯でもう誰も乗れない状況です。

> Suddenly a young woman sitting near the poor children stood up and said, "I'll go back to the ship. I'm not married. I don't have any children."
> 　There was no time to lose. The young woman went back to the ship, and the children's mother got into the lifeboat. Soon after that, the *Titanic* went down under the water.
> 　The young woman's name was Miss Evans. She was going home to Boston. No more is known about her. That night about 1,500 people lost their lives. Miss Evans was one of them.

さて，次のような発問をして，その答えを探すべく，ペアまたはグループでブレイン・ストーミングをさせます。

　発問： Who wrote this story, an American living in the United States or a British living in Great Britain? If you read the story carefully, you will be able to find the answer.

もちろん，発問は日本語でも構わないと思います。ブレイン・ストーミングをさせることが主目的ですから。その場合は以下のように発問してみてください。

　発問： このストーリーは，アメリカに住んでいる人の立場から書かれていますか，それともイギリスに住んでいる人の立場から書かれていますか。テキストに含まれている具体的な語句または表現に言及しながら，説明してください。

上で触れた発問の類型で言えば，Inferential Question つまり推論を求める発問になります。大学の英語科教育法の授業においても，発問指導のところで受講生にも提示してきた教材と発問です。将来英語教師を目指す受講

生の間でも様々な意見が出てきます。この活動の目的は，ブレイン・ストーミングの中でそれぞれの意見を共有させることで教材とのネゴシエーションをさらに深化させることです。よって，正解が出なくてもよいのです。もし，なかなか教師の側で意図している解答が出てこない場合は，さらに次のような指示を出します。

> 指示： A single word in the story tells you if the writer is an American living in the United States, or a British living in Great Britain. Work together and find the word.
> 教材の中の1つの単語で，書いた人がアメリカ在住の人かイギリス在住の人か，分かります。友だちと相談してその単語を見つけてください。

このような教材の中の表現に焦点を当てる追加のヒントを出すと，その表現を見つけるべく，これまで以上にテキストを真剣に読むようになります。つまり，推論させると言っても，できればテキストの中の具体的な英語表現に関連した発問なり指示が効果的です。そうすることによって推論が拡散していくことを防ぐことができます。

さて，答えのヒントとなる1つの単語とは，第3パラグラフの中の2つ目の英文 "She was going home to Boston." の中の going です。この1語で，このストーリーの作者がイギリス在住のイギリス人であることが分かります。なぜなら，アメリカ在住のアメリカ人であれば，"She was coming home to Boston." と書いていたはずだからです。

このタイタニック号の悲劇に関する教材に関しては，本文中の1,500という数字にも注目し，次のような発問をします。

> 発問： Is this a small number or a large number to describe the number of people who died in this shipwreck?
> この1,500という数字は海難事故の犠牲者の数として，小さな数字ですか，それとも大きな数字ですか。

この発問に答えるためには，タイタニック号にそもそも何名乗船していたのか，知る必要があります。インターネットで検索すれば，約2,300名が

乗船していたことが分かります。つまり，3分の2の乗客が亡くなっているのです。その点を押さえて，次なる発問をします。

> 発問： Please discuss with your partner or in your group why so many people had to die in that shipwreck? You may come up with several reasons.
> なぜそれだけの多くの乗客が命を落とすことになったのか，その原因をペアあるいはグループで相談しながら考えてみましょう。原因は1つとは限りません。

これまでタイタニック号の沈没に関しては様々な理由が提示されていますが，大きくは次のような理由が原因とされています。第1の理由は，全員の乗客が乗れるだけの救命ボートが準備されていなかったことです。十分な数の救命ボートが準備されなかった理由としては，決して沈まないという船に対する過信，救命ボートをデッキに並べると見栄えが悪くなるだけでなく，航行速度が遅くなり大西洋最速横断記録達成ができなくなるという懸念が背後にあったと想像できます。さらに，その記録達成がかかっていたためにわざわざ氷山が漂流している可能性がある最短ルートで大西洋横断を試みたことなどなど，人命を無視した理由が学習者から出てくれば，教材をより深く理解したことになります。単に語彙や文法事項を定着させるためのリーディングでは，この種の発問は無用の長物として無視されるかもしれませんが，第1章で触れたマクロレベルのインタラクション，つまりテキストおよびその背後の書き手とのインタラクションをより実りあるものにするためには，どうしても必要な発問です。

　もう1つ，大学の英語科教育法の授業で取り上げてきた例を紹介します。内戦と飢饉に見舞われたスーダンのとある村で空腹のあまり動けなくなり，地面に座り込んでいる少女を後ろからハゲワシが狙っているところを写真に撮り，ピューリッツァー賞を獲得した Kevin Carter を紹介した教材です[8]。

> Sudan is a large country in northeast Africa. It is a country with great promise. It also has great problems.

> For many years the people of Sudan have suffered from war and hunger. Kevin Carter went there to work as a photographer. He wanted the world to see the problems of Sudan.
>
> One day Carter saw a child on the ground. He knew why the child was there. She was so hungry that she could not move. Suddenly a vulture appeared and approached the girl. He took a photo. The photo appeared in newspapers all over the world. He won a Pulitzer Prize for it.

この種の教材を扱う場合は，CD リスニングに続いて，英語または日本語でのQ＆Aを行うのが一般的な指導手順となりますが，そこで止まらずに，本節で紹介した「なりきり音読」をさせてみましょう。

> Sudan is a large country in northeast Africa. It is a country with great promise. It also has great problems.
>
> For many years the people of Sudan have suffered from war and hunger. I went there to work as a photographer. I wanted the world to see the problems of Sudan.
>
> One day I saw a child on the ground. I knew why the child was there. She was so hungry that she could not move. Suddenly a vulture appeared and approached the girl. I took a photo. The photo appeared in newspapers all over the world. I won a Pulitzer Prize for it.

さて，「なりきり音読」が済んだ後で，次のように発問してみましょう。

　発問： You are Kevin Carter. You see a girl and a vulture. What will you do? Share your opinion with your friends.

この発問を受けて，生徒はペアやグループでブレイン・ストーミングを行うことになります。その後で，Kevin Carter へのインタビューという形で生徒同士で「なりきり Q＆A」をさせると，違ったストーリーの展開も出てくる可能性があります。教材を自分たちのものにした証拠です。

生徒 A： So you saw a girl lying on the ground, didn't you?
生徒 B： Yes, I did. She was so weak that she could not move.
生徒 A： What else did you see?
生徒 B： I saw a vulture looking at her from behind.
生徒 A： A vulture? Then what did you do?
生徒 B：（   ）

「なりきり Q&A」の代わりに，あるいはそれに加えて Kevin Carter の行動についての会話に挑戦してもよいかもしれません[9)]。

生徒 A： What do you think of the picture taken by Kevin Carter?
生徒 B： I think it is quite shocking.
生徒 A： Some people said that it was not the right thing to do. Do you agree with them?
生徒 B： In some way I do, but I believe Kevin Carter had a strong will as a photographer.

もちろん，実際の授業では対話がこのようにスムーズに行われるとは限りません。あくまで指導の方向性を示しています。その点をご理解いただいた上で，中・高の教科書の中には，ここで紹介した Kevin Carter に関する教材のように，著名人の人生を扱ったレッスンが多数あります。拙著（伊東，2008）でその作成プロセスを以下のような図で示しました。

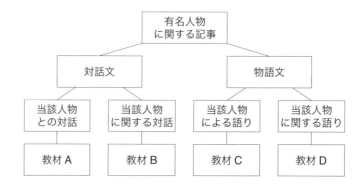

ここで紹介したKevin Carterの教科書教材は，この図の中の教材Dに当たります。この教材をもとにしたKevin Carterになりきっての音読「なりきり音読」はそれを教材Cに作り替えたことになります。また，「なりきり音読」後に行う「なりきりQ＆A」は教材Aを作成したことになります。さらに，Kevin Carterの行動に関する対話は，教材Bを作成したことになります。発問を工夫することによって，同じ教材を異なる観点から理解することになります。ただCDを聞いて，表面的な意味を確認するだけのリーディングよりは一段とアクティブなリーディングが可能になると思います。

3. 和訳を媒介とした英語と日本語のインタラクション

(1) 「授業は英語で」

平成21年3月に現行の高等学校学習指導要領が告示されましたが，その中で最も注目を集めたのが，本書でも度々言及している「英語に関する各科目については，その特質にかんがみ，生徒が英語に触れる機会を充実するとともに，授業を実際のコミュニケーションの場面とするため，授業は英語で行うことを基本とする」という1文でした（文部科学省, 2009, p.92）。この「授業は英語で」という文部科学省の指針に対して，学校現場からはすぐに「文法指導までも英語で行うのか」という疑念も出されましたが[10]，この指針が意図していることは，①生徒が英語に触れる機会を充実することと，②授業を実際のコミュニケーションの場面とすることの2点です。さらに，文面には表れていませんが，日本の学校英語教育において今も連綿と受け継がれている和訳中心の授業はコミュニケーション能力の育成に繋がらないという懸念もその背後に存在していると思われます。なるほど，リスニング能力やスピーキング能力を育成するためには，やはり生徒がしっかり英語を聞き，たくさん英語を話すことが必要です。英語で授業をすれば，それだけ，たくさん英語を聞き，たくさん英語を話す機会が学習者に提供されることになります。間違いなく，和訳中心の授業では，リスニング能力やスピーキング能力の育成は困難です。

だからと言って，日本の学校での英語授業から和訳や母語の使用を排除することには繋がらないと思っています。リスニングやスピーキングのよ

うなオーラル・コミュニケーション能力の育成だけが日々の授業の目的ではありません。本書が取り扱っているリーディングも，コミュニケーションのためのスキルです。そのリーディングの指導の中で，和訳をはじめとした日本語の使用を排除することが，本当に教育的なのかどうか，疑問が残ります。日本語を母語とする日本人英語学習者を対象とした英語リーディング指導において，日本語を授業から排除することが本当にリーディング能力の育成にとって効果的なのでしょうか。

　なるほど日本語を使わずに英語だけを使ってリーディングの授業を行うことも可能かもしれません。先ほどの文部科学省の「授業は英語で」という指針が出されて以来，筆者が参観した多くの研究授業では，オール・イングリッシュの授業が展開される傾向にあります。そういう授業を参観して，担当されている先生方の英語力の高さに感心する一方で，いつも，筆者の中には，結局，英語で指導できることしか指導できないのではないかという疑問が残りました。授業は成立しても，学習が十分に成立していない可能性も拭いきれません。この点は，必然的に，外国語教育における母語の使用の問題へと波及して行くことになります。

(2)　外国語教育における母語の使用

　外国語教育における母語使用の問題は，古くて新しい問題です。長い外国語教育の歴史の中で，教授法が変われば母語の扱いも必然的に変化してきました。実際のところ，母語使用の問題ほど，反対論や賛成論が入り乱れて議論されてきた論争点はありません (伊東, 1979)。

　19世紀から20世紀初めにかけて，いわゆる文法訳読式教授法 (Grammar-Translation Method) は全盛期を迎えていました。ラテン語やギリシャ語の指導方法が下敷きになっていたことも相俟って，外国語から母語への翻訳と母語から外国語への翻訳が主要な教授手段でした。ただし，翻訳能力を育てることが指導の主眼ではなく，あくまで翻訳作業を通して文法規則の定着を図ることに指導のねらいが定められていました。

　文法訳読式教授法へのアンティ・テーゼとして出現してきた直接教授法 (Direct Method) においては，折からの音声学の誕生を受けて，文字を使っての指導・学習が時代の要請に応えていないという反省から，会話練習な

ど音声重視の指導法が採用されました。その名称が示す通り，意味と外国語の音声の直接的結合が重視され，その結果，母語の使用が避けられることになりました。この教授法の精神を最も忠実に具現しているのが，入門期から外国語使用を徹底しているベルリッツ・スクールでの外国語指導であり，我が国で活躍した Harold E. Palmer が提唱した Oral Method も基本的には，この直接教授法の流れをくんでいます。もっとも，Palmer (1922) は母語の使用に好意的な側面も示しています[11]。

　主にヨーロッパで隆盛を誇った直接教授法の音声重視の姿勢を引き継ぎ，かつ，構造言語学と行動心理学という新しい学問に裏付けられて出てきたのがオーディオ・リンガル・アプローチです。"The speech is language. The written record is but a secondary representation of the language." (Fries, 1945, p. 6) という音声優先主義の原理に則り，リスニング能力とスピーキング能力の育成に力点が置かれました。しかし，外国語学習における母語の存在を無視してはいません。教材作成においては，Contrastive Analysis の観点から，外国語と母語の違いに焦点が当てられ，その相違点を克服するための教材作りが目指されました (Lado, 1957)。教室での指導においても，母語の使用は，母語からの干渉を引き起こす恐れがあるとして，極力避けられました。つまり，外国語学習における母語の役割は認知されていましたが，その役割が否定的に捉えられていた関係で，母語の使用には否定的な立場が取られていました。加えて，オーディオ・リンガル・アプローチそれ自体は，本来アメリカの大学で学ぶ留学生を対象とした英語力向上プログラムの中で主に使用された教授法であり，世界各国からの留学生を対象としている関係で，そもそも学習者の母語が使えない状況があったことも見逃せません。

　目標構文の機械的な反復練習だけでは，実際のコミュニケーションの場で使える外国語能力は育成できないという反省から生まれたのが，CLT (Communicative Language Teaching) です。折からの社会言語学や機能言語学，さらには談話分析などの隆盛を受けて，形式（構造）よりも機能や意味を優先するシラバス (Wilkins, 1976) や，外国語を使っての情報の授受に焦点を当てた指導法 (Johnson, 1982) が，世界各地に普及して行きました。目的や機能に応じて外国語をいかに使っていくのかに指導の焦点が置かれ，様々なコミュニケーション活動が提唱されました。外国語を使うことに力点が

置かれ，母語の使用は最初から念頭にありませんでした。また，当初イギリスで生まれた関係で，イギリスの大学にやってきた世界各地からの留学生を対象とした Pre-sessional Course（アメリカの大学の ESL コースに相当）や，世界から英語を学習するためにやってくる短期の学習者を対象とした英語学校での使用を念頭にテキストが編纂され，その中で扱われている題材も圧倒的にイギリスでの生活場面を教材化したものでした。かつ，学習者の母語を話さない英語母語話者が指導者として想定されており，オーディオ・リンガル・アプローチと同様，母語が使えない状況，母語を使う必要性がない状況が存在していました。加えて，英語帝国主義論者（Phillipson, 1992; Pennycook, 1998）が指摘するように，イギリス以外の国においても，イギリスで出版された CLT 用のテキストの使用と英語母語話者の活用がイギリスの国策として推進され，ますます学習者の母語の使用が避けられる傾向が強くなったという面もあながち否定できません。

　さて，現在は Post-Method の時代と言われます（Kumaravadivelu, 2001; Richards & Rodgers, 2014）。各国の実情を無視した CLT の押しつけと，いきすぎた globalism への反省から，glocal という言葉に象徴されるように，学習者を取り巻く状況に合致した指導法が追求されるようになってきました（Holliday, 1994; Bax, 2003）。そのような流れの中で，授業は英語で行うことを基本とするという文部科学省の方針とは裏腹に，母語の使用が再評価されつつあります。その先鋒に位置するのが Cook (2001) で，彼は外国語の授業で母語を使うことに対して罪の意識を感じている教師に対して，その必要はないと力説しています。すこし長くなりますが，母語使用に関する彼の見解を紹介します。まず，L2（外国語）の授業から L1（母語）が閉め出されてきた理由として以下の 3 点を指摘しています。

① L2 も，L1 と同じように学習されなければならないという主張
② L2 教育の目標は L2 と L1 が意味体系を共有する compound bilingualism ではなく，L2 の意味体系と L1 の意味体系が別個に存在している coordinate bilingualism なので，なるべく L1 と隔離された状況で学習されなければならないという主張
③ L2 の学習に成功するためには，L2 を使う機会を最大限学習者に提供する必要があり，L1 の使用はその機会を減じてしまうという主張

これらの主張に対して個別に反論した上で，罪の意識を感じながらの L1 使用ではなく，積極的な L1 使用を，教師の立場と学習者の立場に分けて提唱しています．まず，教師の立場からは，次のような目的での L1 使用を擁護しています．

① 外国語の単語や文の意味を伝えたり，その理解度を確認するため
② 難しい文法事項を説明するため
③ 特に学習の初期の段階に限定して，タスクの説明や実施のため
④ 教室内の秩序や規律を保つため
⑤ 学習者を褒めたり，課題に対してコメントしたりする場合のように，個々の学習者との間にラポートを形成するため
⑥ 試験において，L2 と L1 両方の理解と使用を求めるなど，L2 学習者を取り巻く現実に即した問題を出題するため

次に，学習者の立場からは，次のような目的での L1 使用を擁護しています．

① L2 学習者が実社会で従事することになる翻訳 (L2 から L1，L1 から L2) 活動を授業に取り入れるため
② グループワークやペアワークにおいて協働学習をより円滑に行うため (code-switching は L2 使用者の自然な姿という前提で)
③ 語彙の意味を確認するため (特にバイリンガル辞書の使用)
④ 2 言語併記のテキスト (左側の頁に外国語のテキスト，右側の頁に母語の翻訳) の使用のため
⑤ L1 で字幕が示された L2 での映画などを活用するため

以上のような観点から母語の使用を擁護した上で，Cook (1999, p. 195) は，外国語学習者を "imitation natives" としてではなく，"genuine L2 users" として見ることが重要で，その立場からすれば，L2 教室で L1 を使用することは外国語学習者のごく自然な姿であり，L1 を追放状態から救い出すべきであると主張しています．

同じような立場から，Butzkamm (2003) は，母語を "pedagogical resource"

として使うための 10 箇条を提案し，Copland & Neokleous (2011, p. 270) は，外国語教育の研究者・指導者の中での母語への関心が，"a judicious use of the L1 to support the learning and teaching of the L2" から "an interest in how L1 can be used to maximize learning in L2" へと移行していると指摘しています。これらの母語擁護論に共通しているのは，外国語学習者による母語の使用を，母語の干渉を助長する活動としてではなく，L1 と L2 の間の code-switching と見なし，かつ，それは，外国語教室内においても実社会においても，2 つの (あるいはそれ以上の) 言語をもつ学習者によるごく自然な言語行為と見なす考え方です (López & González-Davies, 2016)。

加えて，今日，外国語教育に対して積極的な提言を続けている EU が，その言語教育政策の中で複言語主義 (Plurilingualism) を推進していることも (Council of Europe, 2001)，昨今の母語復権の動きの下支えになっていると思われます。この政策の下，EU 加盟国では母語に加えて 2 つの言語の学習を義務教育段階で保障すること (「母語プラス 2」政策) が求められています。母語を基盤にしながら，外国語の学習で子どもたちの言語生活を少しでも充実したものにしていこうという政策で，母語を重視する立場が貫かれています。バイリンガル教育の類型で言えば，移行型 (L1→L2) ではなく，充実型 (L1+L2) が推進されていると言えます (Baker, 2001; Ito, 2005)。このように，世界的なレベルにおいて，外国語学習における母語の役割に好意的な意見が明らかに多くなってきています。その延長で，授業は英語で行うことという All English Policy への疑問も提示されています (Auerbach, 1993)。

その一方で，日本の文部科学省は，英語授業での日本語の使用に対して極めて否定的な立場を堅持しており，「授業は英語で」という指針が正論として機能しています。この方針が提示されて以来，教育委員会主催の研究授業や研究開発指定校での研究授業においても，all English の授業が定番となっています。その正論は教員採用試験にも波及し，もっぱら 2 次試験で受験者に課せられる授業実演は，all English が条件となっているようです。しかしながら，昨今の外国語教育における母語復権の動きを考え合わせると，英語母語話者による指導を前提に欧米で開発された教授法をそのまま受け入れるのではなく，そろそろ我々の足下を見つめる時期に来ているのかもしれません (Deller & Rinvolucri, 2002; Carless, 2007)。Post-Method の時代と言われる今日，日本人学習者を取り巻く社会的・教育的・言語的環

境を考慮し，日本人学習者に適した指導法の追求が大きなうねりになりつつあります (例: 佐藤他，2015)。

　実際のところ，教育現場においては，文部科学省の方針にもかかわらず，教師が母語の使用を放棄していない現実が見受けられます。文部科学省が高校の英語教師を対象に実施した調査によれば，依然，半数近くの教師が日々の授業で日本語を使用している実態が明らかになっています[12]。日本語を使用している教師の中には，おそらく学習者のレベルを考慮して仕方なく母語である日本語を使っている教師もいれば，上で紹介した母語使用の利点などを考慮して，積極的な意味で母語の使用を継続している教師も少なからず存在していると思われます。つまり，日本の学校教育現場においては，文部科学省の指針にもかかわらず，まだまだ母語である日本語の使用を容認する立場やその積極的使用を擁護する立場も混在しているようです。

　しかしながら，母語の使用に反対しなくても，あるいは積極的に賛成していても，過去の非効率的英語指導法の象徴的存在としての和訳はどうしてもだめだという研究者や教師の数は相当数にのぼると思われます。母語である日本語の "judicious use" は容認しても，和訳に対するわだかまりは現在でも相当なもののようです。その意味で，リーディング指導で和訳を取り扱うのはタブーかもしれません。アナクロニズムとして一蹴されるかもしれませんが，ここでは，敢えて，リーディング指導の一環としての和訳の意義を再評価し，その復権を提案します。

(3) 和訳と翻訳

　和訳の意義について語る前に，用語の整理が必要です。英語の translation という単語は一般に「翻訳」と訳されます。ただ，我が国で「翻訳」といった場合，L2 から L1 への変換が圧倒的です。一方，translation は L2 から L1 への変換に加え，L1 から L2 への変換も含まれます。実際，文法訳読式教授法での翻訳には，L1 から L2 への変換も含まれていました。日本の英語教育のコンテクストで考えれば，いわゆる英作文に相当します。

　そこで，translation の訳としての「翻訳」を翻訳 1 とします。その翻訳 1 には，L2 から L1 への変換 (翻訳 2) と L1 から L2 への変換 (翻訳 3) が含

まれます。日本の英語教育のコンテクストでの翻訳（翻訳1）は，英語から日本語への変換（翻訳2）を意味し，日本語から英語への変換（翻訳3）は念頭に置かれていないと思います。さらに，この翻訳2は，いわゆる和訳と狭義の翻訳（翻訳4）に分かれます。

　和訳も狭義の翻訳（翻訳4）も，英語から日本語への変換を意図し，現象としては基本的に同一なものです。しかし，その質は大いに異なります。和訳とは，とりあえず英語で書かれている内容を自分なりの言葉遣いで，日本語に置き換えることを意味します。一方，狭義の翻訳（翻訳4）は，その発話の発話者の年齢，性別，発話の相手，発話の状況等を忠実に反映させた英語から日本語への変換を意味し，海外の文学作品の邦訳がその典型例です。具体例で説明します。I am very hungry. という英文を日本語に変換してみましょう。

　　和訳：僕はとてもお腹が空いています。
　　翻訳：お腹ぺこぺこ。／腹減って死にそう。／とてもお腹が空いています。／非常な空腹感を感じています。

学校での英語教育において当面目指すべき L2 から L1 への translation は，異論があるかもしれませんが，和訳であって翻訳4まで追い求める必要はないと個人的には考えています。英文が表している内容の大筋が相手に伝わればよいという立場です。裏を返せば，普段の英語の授業で和訳を求める場合はコンテクストから出てくる微妙なニュアンスを伝えることまで追求しなくてもよいと思っています。
　もちろん，学習段階や学習場面に応じて，和訳を翻訳4に近づける努力はしてもよいと思います。たとえば，中学校用教科書の会話などは，いち

いち和訳を求めたりしないかもしれませんが，仮に生徒に和訳を求めた場合，ほとんどの生徒がいわゆる標準語の日本語での和訳を返してきます。つまり，"I'm very hungry." を「僕はとてもお腹が空いています」と訳します。仮に，これを翻訳4に近づけたいということであれば，生徒にその地方の方言での訳を求めてみてください。関西であれば，「めっちゃ腹空いてんねん」という翻訳4が返ってくるかもしれません。つまり，方言での訳を求めると，生徒たちは自然に日本語らしく英語の主語 (I) に当たる日本語を使用しない可能性があります。この "I'm very hungry." がアメリカの中学生の発言であれば，先ほどの方言訳は極めて忠実な翻訳4になっているとも言えます。

会話文では方言への訳は可能ですが，説明文や物語文になると，会話と違って，誰が誰にどこで発言しているのかが不明の場合がほとんどです。その場合は，基本的に標準語での和訳になります。"He was very hungry." は，「彼はとても腹を空かしていました」と訳されることになります。要するに，日本の学校英語教育での英語から日本語への翻訳 (translation) は，和訳であって，厳密な意味での狭義の翻訳 (翻訳4) でなくてもよいと考えます。いわば，和訳は教育的環境で行われるL2からL1への翻訳 (翻訳2) と規定することも可能です。L2からL1へ変換される英文の意味は，命題的意味 (propositional meaning) が中心で，翻訳家養成コースでない限り，社会文化的 (socio-cultural) な意味合いはことさら要求しなくてもよいのではないでしょうか。教師が英文の意味を生徒に伝える場合は，文脈の有る無しによりますが，ある程度社会文化的ニュアンスを伴う和訳でもよいと思いますが，生徒から出てくる和訳においては，ことさら日本語らしさを追求する必要はないと思います。命題的意味が伝われば，当面よしとするという心の広さも必要です。

(4) 和訳の意義

外国語の授業での母語使用を容認・推進する立場が徐々に強くなる中で (例：Harbord, 1992; Cook, 2001; Butzkamm, 2003; Turnbull & Dailey-O'Cain, 2009; Copland & Neokleous, 2011)，これまで追放状態にあった外国語から母語への翻訳 (翻訳2) に関しても，再評価が進んでいます (例：Bonyadi, 2003; Mahmoud,

2006; Mogahed, 2011)。従来，母語への翻訳は，学習者の文法理解度や教材理解度を確認するための手段として位置づけられる傾向にありました。実際のところ，我が国でも，自分も含めて多くの英語教師が，和訳が完璧にできる生徒の英語力は高いと信じており，かつ，日々の指導や試験でその思いを再確認されていると思います。某国立大学の個別入試に，伝統的に和訳が出題されるのもそのためと思われます[13]。また，大学入試に出題されるから，高校の授業で和訳が行われるという側面も否定できません。

　このように，和訳は学習者の教材の理解度を瞬時にかつ的確に判断するための手段となりえますが，そもそも，和訳で学習者の英語力を的確に測ることができるという論理は教える側の論理です。リーディング指導に和訳を取り入れる以上は，学習者にとっての和訳の意義に注目する必要があります。学習者にとってのL2からL1への翻訳（和訳）の利点に関しては，上で言及した先行研究によってすでに議論が展開されていますが，それらを参考にしながら，ここでは次のような点に和訳の意義を認めます。

1） 教材への認知的負荷（cognitive load）を高める

　和訳を求めることによって，学習者は正しい和訳をするために必須となっている英文の構造理解に真剣に取り組むようになります。予習の段階で学習者に教科書本文の和訳を求める教師が少なくありません。本文をまずは自分自身で一度真剣に構文を意識しながら読み，うまく訳せないところを探しだし，問題意識をもって授業に臨んでほしいという思いからそうされていると思います。まさに，最近注目されている反転授業の精神がそこに生きています。和訳が英語との格闘を促進し，その格闘が英語の文構造への気づきを助長すると考えられます。よって，教科書付随の学習の手引きに載っている訳を予習ノートに丸写ししては，なんの効果も期待できません。

2） 和訳は自然なフォーカス・オン・フォームの活動

　文法訳読式教授法のもとでの和訳は，どちらかと言えばフォーカス・オン・フォームズ（focus on forms），つまり，文法規則を定着させるための和訳であったように思われます。和訳にそのような側面が備わっていることは否定できませんが，今日の和訳に期待されていることの1つは，英文の

意味を把握しようと努力する中で，英語の仕組みへの気づきを助長すること，つまりフォーカス・オン・フォーム (focus on form) の活動です。第2言語習得の分野においては，フォーカス・オン・フォームは，一般に，意味中心の活動 (meaning-focused activity) の中で学習者の注意を言語形式に向けることと理解されていますが (Doughty & Williams, 1998, p. 3)，まさにそのことが和訳において実現されると考えることができます。生徒が和訳をする場合，当然のことながら，英文の意味の把握に努めており，フォーカス・オン・フォームの前提となっている意味中心の活動に従事していることになります。文意を把握するという意味中心の活動の中で，ごく自然な形で英文の表現上の仕組みに意識を向けることになります。まさにフォーカス・オン・フォームの活動そのものと言えるのではないでしょうか。

　もちろん，フォーカス・オン・フォームの活動としては，すでに様々な活動が提案されています（例：Doughty & Williams, 1998; Willis & Willis, 2007; 和泉，2009; 高島，2011）。ただ，それらはどちらかと言えば，コミュニケーション活動やタスク活動，言い直し (recast)，文章復元法 (dictogloss)，矯正フィードバック，協同的ダイアローグなど，母語の使用を前提としないか，母語の使用が実質不可能な状況下で行われる活動が主体となっていると思います。幸い，日本の学校英語教育では，もちろん，例外もありますが，基本的に学習者全員が母語を共有し，教師も生徒が話す母語を共有しています。そういう状況で行われる和訳は，学習者の意識を英語の表現形式へ向け，文構造への sensitivity を高めるための極めて効率的なフォーカス・オン・フォームの活動であると考えることができます。

3）　日本語と英語の違いを理解させるための絶好の方法

　すでに述べたように，和訳は英語との格闘を促進します。その格闘の中で，日本語と英語とのせめぎ合いは，避けて通れません。そこに日本語と英語とのインタラクションが生起します。それこそが，学習指導要領で目標とされている言語に対する認識を深めることに繋がるのではないでしょうか。もちろん，言語認識を促進するための方法は和訳だけではありません。しかし，和訳は最も効果的な方法だと考えます。中学校用教科書から例を出してみます。次の英文を日本語に訳させてみましょう。

例： I have rice and miso soup.

おそらく，多くの中学生は，「私はご飯と味噌汁を食べます」と訳すと思います。しかし，よく考えてみると，ご飯は食べますが味噌汁は食べません。飲むものです。英語の "have" は "eat and drink" の両方を含意しており，ごく自然な英語になっていますが，その訳に「食べる」を使ってしまうと，奇妙な日本語になってしまいます。同様に，同じ have でも次の英文はいかがでしょうか。

例： She has dark long hair.

「彼女は長い黒髪をもっている」と訳すと，手に持っていることになります。ここは「黒くて長い髪をしている」と訳すことになります。次の英文はいかがでしょう。

例： ① How old is your sister?
　　 ② How tall is your sister?

① は「何歳ですか」，② は「身長はいくら」と訳されます。英語では形容詞 (old と tall) ですが，日本語では自然に名詞 (歳と身長) に変化しています。ところが，

例： How shallow is this pond?

の場合は，「どれぐらい浅いですか」と訳し，「浅さはどれぐらいですか」とは訳しません。もともとある程度「浅い」ことが分かっている場合には，日本語でも形容詞になります。専門的には無標 (how old や how deep) と有標 (how young や how shallow) の違いとして解釈されますが，ポイントは，無標であれ有標であれ，英語ではどちらも形容詞が使われますが，日本語では無標は名詞で，有標は形容詞で表現されるという点です。よって，英語では赤ちゃんの年齢を尋ねる時も，"How old is your baby?" と問いかけることができるのです。しかしながら，この種の英文は中学校レベルの英語な

ので，ほとんど訳なしで授業は進められます。その結果，英語と日本語の違いに気づくことなしに，コミュニケーション活動に勤しむことになります。コミュニケーション能力を育てることも大切ですが，学習指導要領が唱っている言語認識を深めることも重要ではないでしょうか。

4) 和訳は日本人英語学習者に期待されるコミュニケーション技能

筆者は，異端すぎる考えかもしれませんが，英語から日本語に訳す力は日本人英語学習者が習得すべき大切なコミュニケーション技能でもあると考えています。英文の内容を英語が分からない他の人に日本語で伝えることは，歴としたコミュニケーション技能です。我が国の外国語教育において，和訳はどちらかと言えば，教授・学習・評価の手段として位置づけられ，和訳を四技能と同様にコミュニケーション技能として追求する動きはほとんどなかったと言えます。しかしながら，グローバル化が進行する中で，異文化間コミュニケーションが頻繁に行われるようになり，外国語を母語に，逆に母語を外国語に翻訳する能力の育成が重視されるようになってきました。その結果，四技能に加えて，翻訳を5つ目のスキルとして見なす考えも出てきました。

たとえば，近年，PISAでの好成績のために，世界がフィンランドの学校教育に熱い視線を送っていますが，フィンランドは英語教育の分野においても多大な成果を上げています[14]。そのフィンランドにおいて，翻訳が1つの重要なスキルとして位置づけられています（伊東，2014a）。そのためか，学校での英語授業でもフィンランド語への翻訳やフィンランド語から英語への翻訳がよく行われています。また，ほとんどの大学に翻訳学部や翻訳学科があり，翻訳者を組織的に育てています。翻訳者の需要は欧州連合（EU）がその文書を域内の公用語に変換し，出版するなかで年々高くなっています。フィンランドでは英米で作成された映画などが字幕スーパーをつけて放映されていることはよく知られています。そのためか，フィンランドでは日本のように声優という職業が確立されていません。吹き替えは子ども向け番組（たとえば日本から逆輸入されたムーミン物語）で行われているだけです。まだ学校に通っていない幼児は字幕のフィンランド語が読めないからです。

考えてみれば，この翻訳という作業は，学習者の母語の知識がない限り，

ネイティブの教師にはできないことです。和訳は，日本の学習者が唯一ALTなどネイティブと対等，あるいはそれ以上の立場に立てる手段です。また，日本の英語学習者が，大人になって外国と取引きのある仕事についた場合，英語から日本語への翻訳は，日本語から英語への翻訳同様，重要な職務となります。要するに，和訳は英語教育の手段であり，かつ目標にもなり得るのです。

　ここで取り上げた和訳の意義は，いわゆる「訳先渡し」ではさほど期待できないものです。英語リーディングの授業を終始訳先渡しで行ってしまえば，生徒が英文を辞書を頼りにこつこつ訳していく必要が無くなってしまいます。なるほど英語と日本語を対比することによってある程度の言語認識は育つと思いますが，上で取り上げた和訳の利点を十分に実現することはできません。もちろん，訳を先に渡しておけば，これまでの和訳中心の授業ではできなかったことも可能になるのは確かです。その実践例も多く紹介されています（例：金谷憲・高知県高校授業研究プロジェクト・チーム，2004）。それらの実践の価値を認めた上で，訳先渡しに関しても，和訳と同様，その活用方法を改めて吟味すべきだと思います。

(5) 正確な和訳を行うためには

　正確な和訳を行うためには，英語と日本語のインタラクションに加えて，第1章で触れた，トップダウン的な理解とボトムアップ的な理解のインタラクションも必要となります。パラグラフ・リーディングに限定した場合，第1章と第2章での議論をもとに考えると，以下のような活動が必要となります。

　⑨ 英文（パラグラフ）全体のテーマを理解
　⑧ 個々の英文を取り巻く前後関係から談話的意味を把握
　⑦ 個々の英文の命題的意味を比較
　⑥ 単語の意味と文型をたよりに英文の命題的意味を理解
　⑤ センス・グループの間の関係を文型（文構造）として把握
　④ 認知された単語の並びをセンス・グループとして把握
　③ 個々の単語の意味を想起

② 単語に付随する形態素に注目し，形態素の意味（数や時制）を理解
　① 文字の集まりを英単語として認識

　英語母語話者の場合は，①から⑥の活動がほぼ同時に，かつ無意識的に行われます。よって，英語母語話者を対象としたリーディング指導や，英語母語話者並の英語力の獲得を目指す第2言語学習者を対象としたリーディング指導では，⑦から⑨の上位活動の指導が中心になります。しかし，外国語として英語を学習する日本の英語学習者が英語のリーディングに上達するためには，①から⑨までの活動を意識的に行わなければなりません。しかし，多くの学習者が①から始めて⑥の段階にたどり着くのにあくせくしていて，⑦から⑨までの活動には手が回らないのが現状ではないでしょうか。

　ただ，1つ救いがあります。下の図が示しているように，下位活動は学習言語特有の言語的操作を要求しますが，上位活動になるほど，言語的透明性[15]が高く，学習している言語に縛られる度合いが少ないのです。つまり，日本語で培ってきた上位活動を支える知識が，そのまま丸ごととは言えないまでも，ほぼ同じように使えるのです。その意味でも，英語リーディングから日本語を排除することは必ずしも賢明とは言えません。

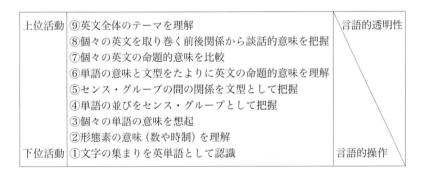

上位活動	⑨英文全体のテーマを理解	言語的透明性
	⑧個々の英文を取り巻く前後関係から談話的意味を把握	
	⑦個々の英文の命題的意味を比較	
	⑥単語の意味と文型をたよりに英文の命題的意味を理解	
	⑤センス・グループの間の関係を文型として把握	
	④単語の並びをセンス・グループとして把握	
	③個々の単語の意味を想起	
	②形態素の意味（数や時制）を理解	
下位活動	①文字の集まりを英単語として認識	言語的操作

(6) 基本訳から全体訳へ

　日本人英語学習者が英文を正確に理解するために最も困難を覚えるのは，上の図の④から⑥の活動です。それがきちんとできれば，正確な和訳が

できます。逆に，和訳を求めることによって，④ から ⑥ の活動が正確に行えるようになるという期待が持てます。では，どのようにすれば，和訳を通して ④ から ⑥ の活動を正確に行うようになれるのでしょうか。ここでは，そのために日頃から実践している方法を紹介します。

　一般に，正確な和訳が困難になるのは，1つの英文の中に複数の動詞が含まれる場合です。英文に含まれる動詞が1つの場合は，いくら文が長くなっても，理解は比較的簡単です。しかし，2つ以上の動詞が使われていると，どの動詞が文の基本構造を決定する述語動詞 (5文型の V に当たる動詞) なのかの判断が難しくなります。その動詞を認知するためには，当然のことながら，文型が正確に理解できていることが前提となります。その文型に沿って英文を理解し，その理解を日本語で言語化すれば，正確な和訳が完成することになります。学習者がこのプロセスを自分のものにするための手段として，筆者は基本訳と全体訳という概念を英文読解の授業に導入しています。具体例を示します[16]。

> (A) On July 4th, the United States gained its independence from Great Britain and since then, the day is considered a federal holiday, commemorating the acceptance of the Declaration of Independence.

この英文を正確に和訳するためには，この英文に含まれる「基本構造を決定する述語動詞」を特定する必要があります。そこで，まず，受講生にその述語動詞を探させます。その過程で，この英文が2つの述語動詞を含む重文であること，および gained と considered が述語動詞であることを確認し，プロジェクターで，上の英文の命題的意味を伝えるための基本要素を次のように提示します。

> On July 4th, **the United States** gained its **independence** from Great Britain and since then, **the day** is considered a federal **holiday**, commemorating the acceptance of the Declaration of Independence.

四角で囲まれた述語動詞に加えて，太字で示されているのが命題的意味を伝えるための核となる名詞・名詞句であることを確認します (実際の授業で

は，太字と四角の代わりに，当該語句に 2 種類の色を付けて表示しています）。そこで，太字で示された名詞・名詞句と四角で囲まれた述語動詞だけで，訳出するように指示します。それが次に示す基本訳となります。

基本訳： **アメリカ**は**独立**を 獲得 し，**その日**は**祝日**と 考えられて いる。

基本訳が理解された段階で，いよいよ，英文全体の和訳（全体訳）を求めます。その際，基本訳の枠組みを変更せずに，全体訳を完成させるところが味噌です。枠をはめることによって，英文構造への気づきが促進されると考えるからです。受講生からの全体訳をクラスで共有した後で，自分なりの全体訳を基本訳のすぐ下に提示します。

全体訳： 7 月 4 日，**アメリカ**はイギリスからの**独立**を 獲得 し，それ以来**その日**は独立宣言の承認を祝う国の**祝日**と 考えられて いる。

指導手順は省略して，例をもう 1 つ提示します。短い英文ですが，日本人英語学習者が苦手とする and と関係代名詞が含まれています[17]。

(**B**) Society rewards those actions and praises those qualities which are necessary to its survival.

受講生に提示する英文の構造図，基本訳，全体訳は次のようになります。

Society rewards those **actions** and praises those **qualities** which are necessary to its survival.

基本訳： **社会**は**行動**に 報い ，**資質**を 賞賛する 。
全体訳： **社会**はその存続にとって必要な**行動**に 報い ，そのような**資質**を 賞賛する 。

次に示すのは，本章の第 4 節で紹介する英字新聞を使った活動で利用した新聞記事からの抜粋です。平成 27 年 10 月 10 日に発生したトルコの首

都アンカラでの自爆テロを報じる記事です[18]。

(C) Television footage from Turkey's Dogan news agency showed a line of protesters Saturday near Ankara's train station, chanting and performing a traditional dance with their hands locked when a large explosion went off behind them.

受講生に提示する英文の構造図，基本訳，全体訳は次のようになります。この英文には動詞が４つも含まれていますので，基本構造を決定する述語動詞は四角で囲んだ太字で示されています。

Television **footage** from Turkey's Dogan news agency showed a line of **protesters** Saturday near Ankara's train station, chanting and performing a traditional dance with their hands locked when a large **explosion** went off behind them.

基本訳： **一場面**は，**参加者**が 歌ったり ， 踊ったり していた時に**爆発**が 起こった ことを 示した 。

全体訳： トルコのドーガン報道局から放送されたテレビの**一場面**は，土曜日にアンカラの鉄道駅の近くで，一列になった**参加者**が手を組んで， 歌ったり ，伝統的な踊りを 踊ったり していた時に，大規模な**爆発**が彼らの背後で 起こった ことを 示した 。

この基本訳と全体訳の区別は，文が長くなればなるほど効果を発揮します。第２章で紹介したスタインベックの英文[19]の和訳に挑戦してみましょう。セミコロン以下の２つ目の英文が対象です。

(D) All our children play cowboy and Indian; the brave and honest sheriff who with courage and a six-gun brings law and order and civic virtue to a Western community is perhaps our most familiar hero, no doubt descended from the brave mailed knight of chivalry who battled and overcame evil with lance and sword.

第 2 章のチャンキングのところで見てきたように，この英文の内容を理解する上で特に重要な単語が sheriff, is, hero の 3 つです。そこで，基本訳はこの 3 つの単語に注目して作成します。

〔the brave and honest **sheriff** who with courage and a six-gun brings law and order and civic virtue to a Western community〕 **is** perhaps 〔our most familiar **hero**, no doubt descended from the brave mailed knight of chivalry who battled and overcame evil with lance and sword〕.

　　基本訳：　**保安官**は**英雄**である。

この基本訳の形を崩さずに，英文全体の訳を求めますが，ここでは，参考のためにプロの翻訳家の訳を紹介します[20]。

　　六連発銃と勇気を持って西部の社会に法と秩序と市民的美徳をもたらす勇敢で正直なシェリフは，アメリカで最も人気のある英雄だろうが，これは槍と剣でもって邪悪と闘い打倒した，勇敢な騎士道時代の鎧を身につけた騎士からきたものであることは疑いない。

さすがプロの翻訳家だけあって，2 つ目のチャンクが長すぎるので，そのまま翻訳すると日本語として分かりにくい文になると判断されたため，このような訳になっていると思われます。

　ただ，学習段階では，さすがにここまで息の長いチャンクを含んだ英文を扱うことは稀です。学習段階では，基本的に基本訳の形を崩さずに，全体訳を完成することが大切ではないでしょうか。日本の英語教育の歴史の中で，直訳か意訳かの論争が長く行われてきました。いまだにその答えは出ていません。それは，おそらく和訳と翻訳の区別がきちんとなされないまま，議論が展開されたためと思われます。個人的には，学習途上においては，基本訳に基づく直訳（全体訳）が効果的ではないかと思っています。学習者にとっては，これがなかなか難しいのですが，基本訳を崩さないという制約の下で全体訳を完成していくなかで，自然と言語感覚が研ぎ澄まされていきます。基本訳に基づく全体訳はともすれば，少々ぎこちない日本語になることもありますが，ある意味ではそれは英語に近い日本語，中

間日本語とも言えます。英語的な日本語で考える習慣，少し世の中に迎合した言い方をすれば，いわゆる「英語脳」ができあがれば，ここで紹介した息の長い英文の理解も苦でなくなります。英作文や日本語能力も向上するという好ましい副産物も生まれてきます。

現在，大学の一般英語の授業でこの試みを実践していますが，次に示すように，受講生からも好意的な反応を得ています。

- とても分かりやすかった
- 2つの訳の使い方で英語のしくみなどが分かってよかったです。
- 分からなかった所も多かったですが，分けて考えることでざっくりした全体訳が分かったと思います。
- 基本訳を学んだ後にそれを全体訳に入れて読むことで，使用例を学べて良かった。
- 基本訳を示してもらえると，全体が大まかに掴めるので，細かい単語の意味が分からなくても文章の意味を理解できました。

この基本訳と全体訳を使った指導はまだまだ発展途上の試みで，その連携の在り方については決まった形はありません。授業中は基本訳だけを確認し，全体訳は家庭での宿題にしてもよいと思います。本節の後に取り上げる英字新聞を使った実践ではそのようにしています。いずれにしても，基本訳から全体訳への流れを意識させる中で，単に正確な和訳を生み出すための方策を会得させるだけでなく，初見の英文を正確に理解していくためのコツを学習者に感じ取ってもらいたいと考えています。

(7) 和訳とリーディング指導

1) 和訳のTPOを考える

和訳の価値を認めるとしても，リーディングの授業を和訳だけで行うことを推奨しているわけではありません。そうすると，1時間の授業で取り扱う英文の量が限られてきて，英語リーディングに必要な上位技能の指導が難しくなるからです。母語使用の適材適所を考えるように，リーディング指導においても和訳の適材適所を考える必要があります。

第1章で示したように，そもそもリーディングには，その目的に応じて様々な種類があります。音読と黙読，黙読には精読と多読さらには速読，必要な情報だけを取り出すスキャニング，ざっくりと全体的な意味を把握するためのスキミングなどなどです。リーディングに上達するためには，これら多様な読み方に習熟する必要がありますが，実際の授業ではその目的や指導している教材に応じて，多様なリーディング方法を使い分ける必要があります。学習段階によっても異なってきます。よく学生から精読と多読のどちらが大切ですかと聞かれます。もちろんどちらも大切ですが，筆者自身はいつも精読の多読を推奨し，速読はその結果として身につくものと回答しています。その点はさておくとして，文法訳読式全盛の時代では，精読即和訳という方程式が存在し，授業時間のほとんどすべてがリーディング教材の音読と和訳に費やされていました。明治・大正時代のコミュニケーション・モードは，印刷物を通してのコミュニケーションでしたので，書籍を正確に読みこなしてそこに書かれている内容を的確に読み取ることが求められました。印刷物から得られる情報は，ラジオやテレビのニュースのように瞬時に消えていくわけではないので，読解にかける時間はいくらかかってもよかったのです。理解の正確さが第一に求められました。その読解の正確さを向上させ，評価するための手段としてもっぱら和訳が活用されました。

　国際化と情報化が進み，コミュニケーション・モードがラジオ・テレビのようなマスメディアに加えて，インターネットが使われるようになった今日，リーディングにおいても瞬時に英文を理解するための直読直解が求められるようになってきました。だからと言って，多読と速読だけで正確に内容を理解する力がつくわけではありません。情報の正確な理解が要求されるインターネットの時代になったからこそ，精読，しかも正確でスピーディな精読を再評価する必要があります。

　もちろん，精読のための指導法は，文法訳読式の時代とは違って，和訳に限定されるわけではありません。発問，要約，マッピング，タスク，ワークシートの活用など，様々な選択肢があります。その中で和訳を選択する理由は，和訳を通して，英文の背後に隠れている統語的関係性への意識を喚起し，文型理解をより確かなものにし，英文が伝えようとしている命題的意味（内容）を正確に理解し，それを他人に伝えるための方法を教えるた

めです。和訳の質を吟味するのではなく，正確な和訳へ至る過程を，具体例（教科書本文の英文）をもとに体験させることが肝心です。

2) 和訳させる英文を事前に選択

　授業で和訳を実施する場合，教科書教材の英文をすべて和訳させる必要はありません。その時間で扱う教材の中から1文から数文，あるいは1つのパラグラフだけでも構わないと思います。和訳を授業に取り入れる教師の仕事は，和訳させるのにふさわしい英文を事前に選択し，それを命題的に正確な日本語に変換する作業（和訳）を明示的に指導することです。英語から日本語への変換は口頭でもよいし，文字の形でも構いません。注意すべき点は，授業中に口頭和訳を生徒に求める場合，指名された生徒が予習の段階で準備した和訳（多くの場合間違っています）をそのまま棒読みしただけでは何の効果もないということです。予習の段階で一応の大意を把握した上で，指名される前の教師による説明やヒントをもとに再度基本訳から全体訳へのプロセスを体感する必要があります。

　授業中に生徒に訳出させない部分は，教師のほうでさらっと説明してもよいし，訳先渡しの手法を採用して，生徒に和訳を事前に提示してもよいと思います。いわば，訳先渡しと和訳のコラボレーションです。

3) 予習よりも復習で和訳を

　和訳を教授手段として利用されている先生方の中には，次の授業で扱う教材の和訳を予習としてノートに書いてくるように求める先生もいらっしゃると思います。これは，生徒に教科書本文の語彙的・文法的検討を事前に促すという点でそれなりの効果が期待できると思います。最近注目を浴びている反転授業の手法になります。ただ，予習としての和訳には，次に示すように，多くの問題点があります。

　① 未習教材が対象となっているので，間違った和訳をノートに書いてしまう場合があります。

　② いったん，和訳が完成すると，とりあえず予習ができたという達成感を味わってしまい，再度，できあがった和訳を本文と照らし合わせながら推敲する作業はほとんど行われません。

　③ 実際の授業で，予習してきた部分を和訳するように求められた場合，

往々にして再度教科書本文の語彙的・文法的検討をすることなく，ノートに書かれた自身の和訳を読み上げるだけになってしまいます。

④ 教師に指名されない場合でも，教師によって示された和訳を聞いて，自身の和訳を修正することに執着します。その際，教科書本文との突き合わせはほとんど行われません。しかも，予習で準備した和訳に赤字で修正を施した段階で，再度達成感を味わい，試験に和訳が出される場合は特に，試験に備えてその修正された和訳を覚えることに精力を注ぎます。

⑤ 結局，本文の語彙的・文法的検討は，最初の予習の段階で行われた1回きりとなります。しかも，その語彙的・文法的検討は，間違っている可能性が高いのです。これだけでは，英文に含まれる語彙や構文に基づいて英文を正確に理解するという力はつきません。達成感の割に，精読力がつかないのはそのためです。

そこで提案です。教科書本文の和訳をノートに書かせる場合は，是非，予習としてよりも復習として生徒に課してみてください (cf. Mahmoud, 2006)。おそらく，授業中に，正確な語彙的・文法的検討が行われているはずです。単語の意味や，後置修飾を伴う文構造なども，授業での教師の説明を聞いて理解できていると思います。通常の精読はここで終わってしまうのですが，復習で和訳を課すと，生徒は，再度，本文の語彙的・文法的検討を行わなければなりません。しかも，今度は，正確な検討になります。その語彙的・文法的検討を元に正確な和訳をしていくのです。予習の段階で行う和訳と違って，正確な和訳が完成します。加えて，教科書本文の語彙的・文法的検討も，予習の段階，授業中と引き続いて，3回目になります。これだけの検討を重ねれば，精読に必要とされる正確な英文の語彙的・統語的分析能力も自然に育っていくと思います。

また，復習として和訳を課すことによって，生徒は授業中の教師の説明をより真剣に聞くようになります。教科書本文に，正確な和訳をするためのチャンキングや，後置修飾関係を書き込ませてもよいと思います。復習として和訳させるのは，授業で扱った教科書本文のすべてでもよいし，本文の中から選ばれた複数の英文でも構わないと思います。和訳をノートなどに書かせる場合には，できれば，対象となる英文のすぐ下に和訳を書かせるようにしたほうがよいと思います。そうすることによって，和訳の3

番目の意義，つまり，日本語と英語の違い，日本語と英語のせめぎ合いをよりよく理解できると思います。

ただ，やりっ放しではだめなので，定期的に復習ノートを点検することにすれば，生徒も真剣に復習としての和訳に取り組むことになります。和訳を復習にすれば，教室の授業ではなるべく英語を使った活動を多く取り入れることもできます。授業は英語で行うことを基本とするという指針との共存も可能になると思います。

以上，リーディング指導における教室内のインタラクションの事例として，和訳を通しての英語と日本語のインタラクションを考察してきました。和訳でリーディング指導なんて時代錯誤との叱責を覚悟しています。でも，自分は日頃から学生によく言いきかせています。日本で最も英語ができる人たちは同時通訳者だと。和訳することが英語の上達にネガティブに作用するとは考えられません。最近，日本の若者の日本語力の低下がよく指摘されます。和訳が学習者の日本語力の向上に繋がることも指摘しておきたいと思います。その意味でも，欧州で推進されている母語を基軸とする複言語主義 (Plurilingualism) に学ぶことは多いと思います。

4. 英字新聞記事を媒介とした世界とのインタラクション

(1) 英字新聞と英語学習

教室内でのインタラクションの4つ目として，ここでは英字新聞の記事を媒介とした学習者と世界とのインタラクションを扱います。学習指導要領外国語科の目標それ自体には明示されていませんが，国際理解の推進は学校英語教育に課せられた重要な目標です。英語は，学習者にとって世界を知るための窓であり，他教科，特に社会科の先生方から叱責されるかもしれませんが，英語科は，学習者の目を世界に向けるための最適な教科であると思います。

さて，中学校や高等学校用の英語教科書の中にも，外国の文化や慣習あるいは環境問題など世界的な問題を扱っている単元があります。しかし，インターネットが普及した今日，インターネットで公開されている英語情報は，教科書教材に劣らず，国際理解を推進するためだけでなく，学習者

のリーディング能力を伸長する上でも，格好の教材になり得る可能性を秘めており，しかもその数はほぼ無尽蔵とも言えます。インターネットで公開されている数々の英語情報のうち，国際理解の推進という観点から特に利用価値が高いのが英字新聞の記事，その中でも特に諸外国の出来事や人類共通の課題を紹介している記事です。

　実は，英語教育に英字新聞を取り入れる試みは，インターネットが普及するずいぶん前から推奨されてきました。たとえば，Hock & Siew (1979, p. 1) は，"The most feasible resource materials that teachers can resort to are daily English newspapers." と述べ，新聞記事の有用性を指摘しています。最近では，Correia (2006) が，critical reading を推進するための手段として英字新聞を利用することの有効性を提唱しています。英字新聞を発行している新聞各社が，インターネット上に英字新聞を競って掲載している今日，英字新聞の記事，その中でも特に外国での出来事を報じる記事は，世界と学習者とのインタラクションを推進するための格好の教材になります。英字新聞は，まさに世界と教室を繋ぐ教材なのです。

　実際，教育に新聞を取り入れる試みは，NIE (Newspapers in Education) として，今日の学校現場で広く取り入れられています。筆者自身も，NIE の考え方が普及する以前から，英字新聞の記事を高校での英語授業や大学での一般英語の授業に活用してきました。しかし，ここで紹介している Newspaper Quiz の形で実践するようになったのは，1985 年に初めて大学教員になってからです。かれこれ 30 年以上も実践していることになります (Ito, 1993)。以前は，紙の英字新聞を購読し，使えそうな記事を切り抜き，それをコピーし，編集する形で実施していましたが，新聞各社が毎日の新聞を自社のウェブサイトに公開するようになった今は，インターネット上の記事を使って Newspaper Quiz を作成し，大学での一般英語の授業で帯活動として活用しています。毎週実施を原則としています。記事の難易度や実施上の工夫で，高校でのリーディング指導でも実施可能な活動です。

(2)　なぜ英字新聞記事を活用するのか

1)　地球的意識 (global awareness) の喚起

　英字新聞の記事を活用する第 1 の意義は，上で指摘したことと若干重複

しますが，学習者の間に地球的意識を喚起する点です。今日，国際化やグローバル化ということばが飛び交っていますが，ここで報告している活動の対象となっている大学生の多くは，世界で起こっていることに関心がありません。新聞を読まないし，テレビのニュース番組も見ません。特にアジアで起こっていることに関心がないようです。アメリカの大統領の名前はすぐに口から出てきても，中国や韓国の指導者の名前は出てきません。アジアからの留学生が圧倒的に多い日本の大学にとって由々しい問題です。英字新聞の記事（特に国際欄の記事）は，世界の出来事や人類共通の課題への関心，つまり地球的意識を喚起するための絶好の機会になります。グローバル教育の課題となっているグローバルな視点を備えた地球市民の育成（魚住，2003）に寄与できると思います。さらに，地球的意識の喚起は，何も学習者だけに限られたものではありません。英字新聞記事を教材化するために，日々英字新聞に目を通している英語教師の視点を世界に向ける重要な働きをします。

2） 即時性（immediacy）

　中学校や高校で使用されている教科書に含まれている教材は，中には時間を超越するものもありますが，一般的に，編集・検定・出版のプロセスを経る関係で，教室で扱われる段階で古くなっています。英字新聞の記事を集めたテキストも市販されていますが，たいがいは新しくても1年前のものが多く，即時性に欠けていると言わざるを得ません。まさに，"one-year-old newspaper articles are no more appetizing than one-week-old sashimi" (Ito, 1993, p. 37) です。その一方で，2015年11月13日（金）に起こったパリでの同時テロについては，すぐに翌週の自身の授業でNewspaper Quizとして取り扱いましたが，事件の深刻さに加えて即時性ゆえに，受講生の関心も高く，活動に真剣に取り組んでいました。同じ新聞記事でも，1年前ではなく，1週間ぐらい前に起こった事件などが扱われる場合は，学習者の関心も高く，リーディングに対する動機づけにもなります。学習内容への興味づけを高めるためには，学習者の身近に起こっていることを教材化することがよく推奨されますが，物理的な身近さ（つまり距離）だけでなく，時間的な短さ（つまり即時性）にも注目すべきだと思います。1週間前やほんの数日前に起こったことを読むことは，学習者のリーディン

グへのモティベーションを高めることに繋がると思います。

3) 真実性（authenticity）

　通常の英字新聞の記事は，新聞の読者に対して書かれたものであり，決して教室の学習者のために書かれたものではありません。その点で，英字新聞の記事は，authentic な教材であると言えます。中には，日本の中学生や高校生のための英字新聞もありますが，インターネットに掲載されている新聞社各社の英字新聞の記事には，教育的配慮は施されていません。あくまで一般大衆の人たちを対象としており，読者に正確な情報を伝えるのが新聞の中心的役割です。その英字新聞を教室で読む生徒は，学習者から読者へ変容します。即時性と合わせて，英字新聞記事の真実性は，日本人英語学習者のリーディングへの取り組みをよりポジティブにしてくれます。なるほど，CLT (Communicative Language Teaching) が台頭してきた当初，イギリスの日常生活で活用する機械の使用方法などが，authentic materials としてもてはやされましたが（例：Blundell & Stokes, 1981），いくら実際にイギリスで利用されていると言っても，イギリスのコインランドリーの機械の使い方を紹介しているマニュアルは，当面その機械を使うことがなさそうな日本の英語学習者にとって，必ずしも authentic であるとは言えません。その点，日本の英字新聞の記事は，たとえ本来それが英語を生活言語としている日本在住の人々や世界中の日本ファンを対象に書かれているとしても，日本の英語学習者にとっても，世界で日々起こっていることが学べるという点で，極めて authentic な教材になります。

4) リーディング教材としての有用性

　英字新聞の記事それ自体，独自の英語のスタイルを持った素材として，英語リーディング指導にとって，極めて有用であると考えられます。たとえば，教科書教材ではあまり遭遇しないジャーナリズム特有の語彙や表現を多く含んでいます。特に，現時点で日本の新聞やテレビで話題になっているキーワード（イスラム国，同時多発テロ，爆買い等）が英語でどう表現されているのか，確認することができます。また，記事の見出しは，コミュニケーション（情報伝達）において，何が大切かを自然な形で教えてくれます。たとえば，冠詞や助動詞などはほとんど使用されません。過去時制も現在

形で代用されます。さらに、記事の構成それ自体が、インタラクティブなリーディングを促進してくれます。記事には、写真や見出しが付いていて、それらが記事によって伝えられる事件や事象の大まかな内容を推測させてくれます。また、パラグラフ構成も、第1パラグラフで事件や出来事の概要が書かれており、以降の段落で事件や出来事の詳細が、少しずつ明らかにされていきます。まさに、インタラクティブなリーディングに必要とされるスキーマの形成や、テキスト内のインタラクションの実態把握が可能になります。

　四技能の中で、リーディングは最も研究され、最も精力的に指導されてきた技能だと思います。ただ、これまでのリーディング指導ではどちらかと言えば、how to read にフォーカスが当てられてきた感があります。しかし、今日、インターネットの普及とも相俟って、リーディング指導の対象となる題材が、教科書教材だけに限定されず、爆発的に拡大しています。その状況を目の当たりにして、リーディング指導において、how to read もさることながら、what to read にもフォーカスを与える時期にきたと思います。リーディング指導における what to read を考える時、学習者にとっての relevance（関連性）が重要な因子になります。その意味で、英字新聞のインターネット版に公開されている英語情報は、英語リーディング指導にとっての宝箱とも言えます。

(3) Newspaper Quiz の作成指針

　英字新聞の記事を使ってのリーディング指導は Newspaper Quiz として授業の前半を使って実施しています。その作成指針は以下の通りです。

1)　原則として1～2週間前に掲載された直近の記事を利用

　大学の一般英語用テキストの中には、新聞記事をもとに作成されているものもありますが、そこで取り扱われている記事は、編集・出版のプロセスを経る中で、当然かなり古い記事になります。新聞記事の生命線は即時性です。寿司で使うマグロは新鮮さが命です。もちろん、冷凍マグロも使われますが、新鮮なマグロにはかないません。

2) 対象となる記事は国際欄に掲載されたものを基本とする

　Newspaper Quiz に使う記事は，通常，英字新聞の国際欄に掲載されたものから選択します。学生の目を世界に向けるためです。ただし，環境問題，芸能関係，スポーツ関係の記事や，日本国内の記事も場合によっては採用します。その場合は，即時性よりも，学習者の関心・興味を尊重して選択します。

3) １回の授業で扱う記事の量は限定的に (B5 用紙の半分)

　英字新聞の記事を扱う場合，よく世界的なビッグニュースを報じる記事全体を，B4 または A4 用紙いっぱいに印刷して，配布する方法がとられます。この方式だと，毎回の授業で扱うのは難しくなります。教材にするほどのビッグニュースはそれほど頻繁には起こらないからです。また，量が多ければ，よほどタスクを工夫しなければ，講読形式しかも教師から学習者への一方向的な授業になりがちです。今日，文部科学省が強力に推し進めているアクティブ・ラーニングになりそうにありません。筆者の Newspaper Quiz は，毎週の帯活動として実施することが前提なので，1 回で扱う量は当然限られてきます。見出しも含めて，平均して 250～300 語程度の長さになります。その長さであれば，B5 用紙の半分 (B6 の京大式カードの大きさ) に収まります。その量であっても，毎回実施するほうが，学習者の目を世界に向けていくのに効果的だと考えられます。

4) インタラクティブ・リーディングが行われるように配慮

　選んだ新聞記事を B6 用紙に印刷して，学習者に配布するだけでは，単なる読解作業になります。学習をよりアクティブにするために，modified cloze test 形式を採用します。つまり，内容を伝える上で重要と思われる単語 (内容語) を 10 個ほど意図的に選択し，それらを空白にします。空白にするのは，名詞と動詞に限定します。名詞と動詞に限定するのは，それらが内容語として情報伝達の主な担い手になるからです。また，空白にする動詞は一般動詞の ing 形か過去形，過去分詞形に限定します。現在形は，主語が単数形か複数形かによって，あまり意味を考慮することなく，正解を単語リストから選択できるからです。空白に変えられた 10 個の単語は，選択肢として黒板にアルファベット順に提示します。学習者には，この 10

個の単語の挿入先を，記事に含まれる語彙と文法事項の正確な検討に加えて（ボトムアップ），見出しや前後の文脈から予測させます（トップダウン）。空白には名詞が入るのか，動詞が入るのか，これまで培ってきた文法知識やコロケーションの知識を総動員して，個々の英文の意味を確認しながら，入念に検討を進める必要があります。まさにフォーカス・オン・フォームの活動がそこに展開されます。

（4） Newspaper Quiz の作成方法

　先にも触れましたが，以前は英字新聞を購読し，1週間〜2週間分の紙媒体の英字新聞から毎回の記事を選んでいましたが，インターネットの普及を受けて，国内のメジャーな新聞社がインターネット上に英字新聞も掲載していますので，それらを活用します。ここ最近は *The Japan News*（読売新聞）の国際欄（World）の記事を活用しています。できれば，写真も掲載されている記事を採用します。写真は，記事の内容に関するスキーマを学習者の中に確立するのに効果的だからです。

Paris attacks kill more than 120

PARIS (Reuters) — Gunmen and bombers attacked restaurants, a concert hall and a sports stadium at locations across Paris on Friday, killing 127 people in a deadly rampage that President Francois Hollande said was the work of Islamic State of Iraq and the Levant (ISIL) militant group.

A Paris city hall official said four gunmen systematically (　　　) at least 87 young people at a rock concert at the Bataclan concert hall. Anti-terrorist (　　　) launched an assault on the building. The gunmen (　　　) explosive belts and dozens of shocked survivors were rescued, while bodies were still being removed on Saturday morning.

Some 40 more people were killed in five other (　　　) in the Paris region, the official said, including an apparent double (　　　) bombing outside the Stade de France national stadium, where Hollande and the German foreign minister were (　　　) a friendly soccer international. Some 200 people were injured.

The coordinated assault came as France, a founder member of the U.S.-led coalition waging (　　　) against ISIL in Syria and Iraq, was on high alert for terrorist attacks ahead of a global climate conference due to open later this month. It was the worst such attack in Europe since the Madrid train (　　　) of 2004, in which 191 died.

Hollande said the death toll stood at 127. Officials said eight assailants had died, seven of whom had (　　　) themselves up with explosive belts at various locations, while one had been shot dead by police. After being whisked from the stadium near the blasts, Hollande (　　　) a national state of emergency — the first since World War II.

▲ Newspaper Quiz の例

さて，記事が決まれば，文字の部分だけをB5の半分の大きさ（B6）に収まるようにワープロソフトを使って2段組に編集し，見出しに関しても，必要があれば大きさを調整します。

第1段落は記事の概要が書かれているので，原則この部分はそのままの状態にしておきます。第2段落以降から，上で紹介したように，5つの名詞と5つの動詞を選び，空白にします。記事本体は2段構成となっているので，左側の段から5つ，右側の段から5つの空白を設定します。たとえば，前ページのような新聞記事クイズができあがることになります。2015年11月13日（金）に発生したパリ同時テロに関する記事です[21]。この記事（B6の大きさ）がB5用紙に2つ収まるように編集し，人数分印刷します。これで準備完了です。

（5） Newspaper Quiz の実施方法

ここでは，Newspaper Quiz の実施方法（形態）を時系列に沿って簡単に紹介します。

1） クイズへの動機付け

教室のICT環境にもよりますが，もしプロジェクターとスクリーンがあれば，新聞記事に付随している写真を，プレゼン・ソフトを使って学習者に提示します。その上で，学習者に何の記事か質問します。正解が出ない場合は，記事の見出しだけを，同じスライド上に提示します。記事の写真と見出しがあれば，たいがいどんな内容の記事であるかは察しが付き，記事のスキーマが形成されます。

2） クイズ用紙の配布

記事が印刷されているクイズ用紙（B6の大きさ）を配布します。配布した記事はノートに貼らせるようにしています。配布が完了すれば，見出しと第1パラグラフから，どこの国のどういう出来事が報じられているのか，再確認します。記事の出所（都市名）がヒントとなりますが，大学生でも都市名から国の名前を当てることが難しい場合もあります。

3) 空所に補充する単語の提示

黒板に，空白に入れるべき 10 個の単語（名詞5つと動詞5つ）を，アルファベット順に左右2段に分けて，板書します。発音練習もするので，アクセントが置かれる母音の上にアクセント・マークをつけます。黒板に書かれた 10 個の単語は，先ほどノートに貼り付けた新聞記事のすぐ下に，同じく 2 段に分けて書き込ませます。

4) 単語の発音練習と意味の確認

黒板に書かれた 10 個の単語の発音練習をし，意味も確認します。その後，全員目を閉じるように指示し，10 個の単語について日本語訳を提示して，もとの英語を言わせます。

5) 読解開始

穴埋め作業の開始を告げます。その際，なるべく前後，左右の学生と相談しながら作業を進めるように指示します。お互いの予測をぶつけ合いながら，新聞記事への理解を深めていきます。かつ，辞書の使用も勧めています。学習者がクイズに取り組んでいる間に，机間巡視をします。加えて，あとで一緒に和訳をしていく部分を黒板に書き写します。和訳のところで取り上げた基本訳の主語や述語動詞，補語となる名詞や形容詞に色チョークで印をつけます。

6) 答え合わせと板書された英文の和訳の確認

ある一定時間（10 分から 15 分程度）が経過した時点で，クイズの終了を告げます。ボランティアを募って，答え合わせをします。その際，なるべく個人としての解答ではなく，一緒に相談したペアまたはグループでの解答として発表させるようにしています。解答が満点のペアやグループにはボーナス点をあげることにしています。

各空白に補うべき単語が確認できた段階で，記事の最初から，1 文ずつ音読しながら，その内容を日本語で学習者に説明します。記事全体の一応の説明が完了すると，学習者がクイズに解答している間に板書していた記事の中の英文に注目させ，文構造を確認した上で，学習者に和訳を求めます。和訳の出来具合を云々するのではなく，あくまで正確な和訳に至るま

でのプロセスを理解させることに主眼を置きます。従来の訳読指導では，とかく和訳の正確さ，つまりアウトプットだけに注目させていたと思われます。教師の模範訳を見たり，聞いたりして，自分の和訳を修正することのみに，学習者の精力が注がれていた感じがしています。つまり，和訳のプロセスがあまり明示的に指導されてこなかったのです。多くの場合，教師（あるいは同じクラスの他の生徒）の模範訳をもとに自身の和訳を修正する過程で，和訳のプロセスを学習者が直感的に学ぶであろうという期待が教師の側に存在していたと思います。ただ，この和訳のプロセスの指導には

◀ 課題プリントの例（p. 166 参照）

Paris attacks kill more than 120

(1) A Paris city hall official said four gunmen systematically slaughtered at least 87 young people at a rock concert at the Bataclan concert hall.

(2) Some 40 more people were killed in five other attacks in the Paris region, including an apparent double suicide bombing outside the Stade de France national stadium, where Hollande and the German foreign minister were watching a friendly soccer international.

(3) The coordinated assault came as France, a founder member of the U.S.-led coalition waging airstrikes against ISIL in Syria and Iraq, was on high alert for terrorist attacks ahead of a global climate conference due to open later this month.

(4) After being whisked from the stadium near the blasts, Hollande declared a national state of emergency — the first since World War II.

(5) Your reflections on the article

Class (　　) Student No. (　　　　) Name (　　　　　　　)

時間がかかります。よって，授業で扱うすべての英文に対して和訳のプロセスを懇切丁寧に指導するわけにはいきません。この英字新聞を使った指導では，記事の中から1文を選んで，和訳プロセスを明示的に指導しています。

7) 宿題の提示

和訳の指導が終われば，家庭学習用に記事の中から黒板に板書した英文を含めて3～4つの英文を選択し，A4用紙に印刷し，その和訳を宿題にします。前節で触れた「和訳は復習として」という原則を適用しています。なお，この和訳課題シートには，記事に対する省察 (reflections) を英語で書くスペース (3行程度) も設けてあります。省察へのフィードバックに関しては，英語の正確さもさることながら，書かれている内容に対してコメントしています。そうすることによって，学習者とのインタラクションを実現しています。165ページに示したのは，上で紹介したパリ同時多発テロに関する記事を扱った時に配布した課題プリントです。

(6) Newspaper Quiz の教育的利点: クイズ形式からくる利点

Newspaper Quiz では，名詞と動詞に焦点化した修正型クローズテストが採用されている関係で，以下のような形式面からみた利点を認めることができます。まず，学習者にとっての利点に注目します。

1) 英語の形態素的・統語的特徴への敏感さを刺激

形式的には名詞と動詞に関わる空所補充問題となっています。その空所に正しい単語を補うためには，まずその空白に名詞を補うべきか，動詞を補うべきかの判断が迫られます。仮に名詞が来ると判断しても，単数形が来るのか，複数形が来るのか判断しなければなりません。反対に，動詞が来ると判断した場合，単純過去形，ing 形，過去分詞形のどれが来るのか判断を迫られます。また，黒板に書かれた選択肢の中に仮に動詞の ing 形があった場合，その ing 形は，記事の中で現在分詞として使われているのか，動名詞として使われているのか，さらに，現在分詞であっても分詞構文として使われているのか，後置修飾として使われているのか，判断しな

ければなりません。これらの迅速な判断が，英語の形態素的・統語的特徴への敏感さを学習者の中に育てていきます。

2） コロケーションへの敏感さを刺激

　空白に挿入可能な名詞や動詞の形態素的・統語的特性が分かっても，必ずしも正確な単語に行き当たるとは限りません。たとえば，その空白には動詞の過去分詞形が入ると判断できたと仮定しましょう。しかし，黒板に書かれた単語リストの中には，一般動詞の過去分詞と思われるものが2つ以上あるかもしれません。特に，規則動詞の場合，過去形と過去分詞形が同じになってしまう場合もあるので，より慎重な検討が求められます。最後の決め手となるのは，主語と述語動詞，述語動詞と目的語，述語動詞と補語のコロケーションです。空白に名詞が入ると判断した場合でも，同じようなコロケーションの知識が空白に入るべき名詞の特定に繋がります。この積み重ねが，学習者のコロケーションへの敏感さを刺激することになります。

3） インタラクティブ・リーディングを体験

　空白に挿入すべき単語を特定する上で助けになっているのが，記事の写真，見出し，記事の第1パラグラフ（原則空白なし）から得られる記事の概要，空白の前後の文脈，黒板に書かれた選択肢です。まさに，トップダウン的な理解とボトムアップ的理解の両方が要求されており，第1章で紹介したインタラクティブな読み方を学習者に自然な形で求めることができます。

　Newspaper Quiz は，教師にとっても以下のような形式面からくる利点を認めることができます。

4） 準備が比較的簡単

　英字新聞がインターネット上で公開されている関係で，記事の選択から，編集，印刷原稿の作成まで，すべてコンピュータ上で作業ができます。以前は，紙の新聞をコピーし，必要な部分を切り取り，B6の大きさに収まるようにさらに切り貼りを行い，空白にする単語を白の修正液で消して，そ

の上に括弧を書いてやっと印刷原稿が完成していました。今では，見出しの倍率も自由に決めることができ，30分もあれば印刷原稿が完成します。しかも，その原稿はコンピュータに電子ファイルとして保存しておくことができます。インターネットに公開された新聞の場合はもちろんのこと，紙の新聞の場合であっても作成が比較的簡単であったからこそ，30年も長続きしたのだと思います。まさに，持続可能な取り組みなのです。

5) 自身の視野の拡大

　帯活動として，毎週実施するので，適当な記事を探して，日々，英字新聞に目を通すことになります。もし，この活動を実施していなければ，英字新聞との付き合いはなかったかもしれません。仮にあったとしても，毎週実施するというプレッシャーがなければ，英字新聞を手に取るのも，とぎれとぎれになっていたかもしれません。継続的に新聞記事に目を通すことで，教師自身の視野も自ずと世界に広がっていきます。

6) 自身の速読力の伸長

　新聞記事を選ぶ段階で，見出しを頼りに，いくつかの新聞記事にさっと目を通し，これはと思う記事が見つかると，その記事をさっと読んで，報じられている出来事の重大性や今日性，さらには学習者の興味・関心との繋がりを即座に判断しなければなりません。かなりの速読力が求められます。

7) 自身の談話理解力の伸長

　目的の記事を最初から最後まで読んだ後に，それをB6の大きさ（いわゆる京大型カードの大きさ）にまとめることが必要になってきます。もちろん，そのままB6（2段組）の大きさに収まる場合もありますが，それはまれです。ほとんどの場合，記事の編集が必要になってきます。記事のどの部分が必要で，必要でないか，パラグラフの順番はこのままでよいかどうか，立て続けに判断を迫られます。この段階で，改めて，教師に記事に含まれる個々の英文を正確に読み解く力だけでなく，パラグラフとパラグラフの関係を把握する力も必要になってきます。

(7) Newspaper Quiz の教育的利点：実施方法からくる利点

1) 辞書の活用を推進

　Newspaper Quiz では辞書の活用が推奨されています。授業開始当初は，辞書を授業に持参する学習者は少数派でしたが，授業の回数が進むにつれて，ほとんどの学習者が辞書を持参するようになります。英語に限らず，外国語のリーディングに辞書は手放せません。かく言う自分も，好きな作家の小説をペーパーバックで読むとき，未だに辞書のお世話になっています。辞書を片手に外国語で書かれたものを読むことは，ごく自然な姿です。その自然な姿を教室にも実現する必要があります。辞書を片手に外国語を読む習慣が身につけば，将来，自身の仕事の中でそのような状況に追いやられたときに，大きな力となります。

2) 学び合いの促進

　ペアやグループで活動するように指示していますので，空白に入れるべき単語に関して，ブレイン・ストーミングを行うことになります。これまでは，リーディングは基本的に1人で静かに行うものという固定観念が強く，ペアや小グループでわいわい話し合いながら英文読解を進めていくという風景はあまり見られませんでしたが，お互いの予測をぶつけ合うことで，学び合い，教え合う環境が教室内に醸成できます。そこには，明らかに協同学習が芽生えつつあります。

3) 帯活動として最適

　比較的短時間で実施できますので，帯活動として実施することが可能です。筆者の経験として，1週間に1度ぐらいが，持続可能な活動として有効ではないかと思います。それだけ，身近で多様な記事を教材として活用することができます。投げ入れ教材として，不定期に，1時間の授業をまるまる使って行うよりも，効果的ではないかと感じています。小さな活動の繰り返しが，やがて大きな力に変容することは十分考えられます。

4) ポートフォリオの作成

　毎回の帯活動で使用した記事は，ノートに貼り，空白の選択肢として板

書されている10個の単語をその意味といっしょにノートに書き写すように指示しています。また，和訳指導のために板書された英文もノートに書き写すように指示しています。筆者の授業では，この英文に加えて，記事から選ばれた4つの英文の和訳と，記事に対する省察を書き込む課題プリントを毎回配布し，次回の授業で提出するように求めています。点検後，返却された課題プリントもノートに貼るように指示しています。これを積み重ねれば，一種のポートフォリオになります。自身の学習を振り返るきっかけにもなります。

(8) 学習者の反応

これまで，定期試験ごとに，無記名の英語学習アンケートを実施し，授業全体への評価に加えて，Newspaper Quizへの感想を受講生から聞き出してきました。次に示すのは，2015年度の授業の最終日に実施した英語学習アンケートに含めていたNewspaper Quizに関する2つの質問です。

① 授業の始めに行われた新聞記事を使った小テストは，自身の英語読解力を向上させるのに
5. 非常に役立った　　4. 役立った　　　　3. どちらとも言えない
2. 役立たなかった　　1. 全然役立たなかった

② 授業の始めに行われた新聞記事を使った小テストは，自身の視野を世界に広げるのに
5. 非常に役立った　　4. 役立った　　　　3. どちらとも言えない
2. 役立たなかった　　1. 全然役立たなかった

合計，62名の受講者から回答を得て，その結果を分析したところ，質問①に関しては，「5. 非常に役立った」と回答した受講生が14名，「4. 役立った」と回答した受講生が39名，「3. どちらとも言えない」と回答した受講生が9名，「2. 役立たなかった」および「1. 全然役立たなかった」と回答した受講生はいませんでした。5段階での回答の平均値は4.08でした。質問②に関しては「5. 非常に役立った」と回答した受講生が21名，「4. 役

立った」と回答した受講生が 32 名,「3. どちらとも言えない」と回答した受講生が 9 名,「2. 役立たなかった」および「1. 全然役立たなかった」と回答した受講生はいませんでした。5 段階での回答の平均値は 4.19 でした。いずれの質問も,回答が 5 件法なので,中間値は 3.00 になります。それぞれの回答の選択肢を選んだ人数と平均値から判断する限り,受講生からどちらの質問に対してもかなり肯定的な回答を得たことになります。

　英語学習アンケートには,Newspaper Quiz に関して,5 件法での回答に加えて自由記述での回答も求めています。以下は受講生から寄せられた感想です。

- 国際的なニュースを知れてよかった。
- 最近の時事ニュースに触れることができた。
- 難しかったけど,世界のことを知るのに役立った。
- 常にホットなニュースを知ることができて良かった。
- リアルタイムの記事だったので社会情勢の理解を深めることができた。
- 時事の問題で世界で起きていることを知れる良い機会で,良かった。
- 普段海外の時事問題などを知る機会が無かったので,良い機会になりました。
- 世界の事柄について毎週学ぶことができたので,ものすごく自分の為になりました。
- テレビを見たり,新聞よんだり普段しないので,授業を通して時事を知れて良かったです。
- 時事問題は他の先生が取り上げたことがなかったので,新鮮で楽しく,ためになりました。
- 世界の様々なニュースを知ることができたし,単語を覚えることもできたので,良かったです。
- ニュースにあまり興味がないので,普段ニュースに触れないので,よかったです。少しニュースに関心を持てるようになりました。
- ネガティブな記事が多かったので,ポジティブな記事ももう少し見たかったです。でも,この授業のおかげで,ニュースを詳しく知ることが出来たので,自分のためになりました。
- 記事を読むだけでなく,自分の考えや先生の考えをクラスでシェアで

きたりしたら，もっと楽しくて，視野が広がるきっかけになると思いました。でも定期的に世界のニュースを知ることはとても役に立ちました。
・普段の生活の中で新聞をあまり読まなくて，ましてや英字新聞はたまにインターネットを通して読むぐらいだったので，最初は苦手な所がいくつかありましたが，回数を重ねていく中で，正解することが増え，また世界のニュースについて知ることもでき，とても良かったです。

　もちろん，このアンケートは無記名とは言え，授業者である筆者自身が実施しており，かつ自由記述欄にコメントを書く学習者は，もともと Newspaper Quiz に好意的であったことが考えられますので，これらの意見を額面通りに受け取るわけにはいきませんが，ある程度，世界と学習者とのインタラクションを刺激する上での Newspaper Quiz の有効性をサポートしていると考えられます。
　インターネットに掲載されている英字新聞の記事をそのまま中学校や高校での英語の授業で使うことはできない場合も多いかもしれません。ただ，幸い，学習者向けの英字新聞も発行されていますので，それらを使って，ここで紹介した Newspaper Quiz を，学校現場の実情に合わせて，適宜修正しながら実施することは可能だと思います。是非，一度挑戦してみてください。

(9)　英語を通しての文化としての英字新聞記事

　英語教育においても異文化理解教育の推進が求められています。その際に問題になるのが，指導する文化の中身です。一体どんな文化を教えるべきか，長年白熱した議論が展開されてきました。その議論の中で，これまで大きな柱となってきたのが，外国語教育で扱う文化を Large C Culture と small c culture に分ける文化類型論です (Chastain, 1988)。一般に，前者は文化遺産，後者は生活様式を指すと考えられ，実際の指導においては後者を優先すべきだと考えられてきました。英語教育に限定した場合，戦後の日本のように，英語が外国語として教えられていた時代においては，この方針に問題はありませんでした。つまり，学校英語教育で扱う small c cultureとはアメリカの生活様式でした。実際，戦後の中学校で使用された教科書 *Jack and Betty* で紹介されている文化はアメリカの文化でした。その教科書で学んだ中学生の多くが，将来是非アメリカに行き，JackやBettyのような生活を味わってみたいという，ほのかな夢を見たものです。

　しかし，英語が国際語となった今日，この類型論は実態にそぐわなくなってきました。アメリカの生活様式だけを扱うわけにはいかなくなったのです。戦後の *Jack and Betty* と違って，今日の中学校や高校で使用されている教科書では，英語圏の文化のみならず，日本も含めて非英語圏の文化も紹介されています。英語が国際語となった以上，当然のことだと思います。しかし，非英語圏の文化を small c culture と位置づけることにはかなりの無理があります。新しい文化の枠組みが必要です。

　筆者は，Large C Culture vs. small c culture に代わる新しい枠組みとして，culture around language（ことばの回りの文化），culture in language（ことばの中の文化），culture through language（ことばを介しての文化）という3区分法を提案しました（Ito, 2002）。英語教育の文脈での「ことばの回りの文化」とは，英語を母語とする人々の行動様式（握手・身体接触・会話距離・アイコンタクト・声の大きさなど）や生活様式（慣習・衣食住・余暇・音楽・芸術・スポーツ・政治・経済など）を指します。いわば体験できる文化です。「ことばの中の文化」とは，英語の単語・イディオム・構文などの中に潜む文化を指します。英語の発想法と言い換えてもよいかもしれません。「ことばを介しての文化」とは，英語によって伝えられる文化を指します。最近の教科書で紹介されている非英語圏の文化は，まさにこの「ことばを介しての文化」であり，国際語となった英語で伝えられる文化と考えることができます。つまり，英語で伝えられる文化とは，体験できる文化でもなく，発想法としての文化でもなく，いわば情報としての文化です。

　さて，英語が伝える文化・情報の中で，英字新聞が伝える文化・情報は特に我々にとって有用です。世界と学習者とのインタラクションを推進するための原材料になりえるからです。ただ，世界と学習者とのインタラクションを重視する教科は英語科だけではありません。国際理解教育を重要な柱として位置づける社会科においても，そのインタラクションは模索されています。社会科と英語科の違いは，そのインタラクションが英語科の場合，英語を介して行われるという点です。英語を介しての世界と学習者

のインタラクションの推進は，英語科特有の課題です。社会科ではできないことです。

　だからと言って，社会科と英語科の区別に拘ることはそれほど生産的ではありません。むしろ社会科と英語科の連携が模索されるべきかもしれません。それは，さらに，外国語と教科の融合を目指す CLIL (Content and Language Integrated Learning) にも繋がっていく可能性を秘めています。第1章「学習者内でのインタラクション」の中でたびたび言及した L2 リーディングの研究者 W. Grabe も言語学習と内容学習の融合を L2 リーディング指導の原則の1つに挙げています (Grabe, 2011, p. 454)。その意味で，英字新聞の活用は，新しいリーディング指導の方向性を示唆しているとも言えます。

5. ま と め

　従来，リーディングはともすれば受け身的な技能と見なされてきました。加えて，独立した技能として育てるというよりは，学習者の語彙力や文法力を育てるための手段であり，その定着度を測る評価の手段として見なされてきました。その極めつけは入学試験です。そういう事態を改善するためか，今日，文部科学省によってアクティブ・ラーニングが声高に唱えられています。つい最近まで教育現場に作成を押しつけていた CAN-DO リストはいつの間にか何処へやら，といった状況です。本章では，その表層的なブームに流されることなく，リーディング指導を改善するための処方箋として，リーディング指導に必要な教室内のインタラクションを見てきました。具体的には，音読を通しての他技能とのインタラクション，発問を通しての教材・学習者・教師間のインタラクション，和訳を媒介とした日本語と英語のインタラクション，新聞記事を活用した学習者と世界のインタラクションについて考えてきました。当然，効果的なリーディング指導に必要なすべての要素を扱っているわけではありません。足りない部分は多々あると思います。ただ，インタラクションを基軸にすることによって，リーディング指導への新しい見方を提示できたという自負はあります。

　英語授業には3つのiが必要であるというのが持論です。その3つのiとは interesting, integrated, interactive の3つです。その3つを満足させる

指導法の一端をご紹介できたのではないかと思いますが，その要はやはり教師と学習者の間のインタラクションだと思います。筆者自身もその著作から大きな影響を受けているイギリスの著名な応用言語学者 Brumfit (1982) は次のように述べています。

> 教育は，人間同士の関係，教えるものと教わるものの間の関係がその成功にとって極めて重要な営みです。その点で，教育は訓練と明確に区別されます。なぜなら，訓練は一連の指示を介するだけで達成できますが，教育は必然的に基本的な道徳的・心理的問題に関わるため，教師と学習者双方の全人格を取り込むことになるからです。(p. 17)

リーディング指導も単なる訓練 (training) のままであってはいけないと思います。なるほどリーディングに上達するためには，辞書の引き方など訓練の要素も必要ですが，やはり教育 (teaching) であることを忘れてはいけないと思います。

〈注〉
1) 中学校用英語教科書 *New Horizon English Course* (東京書籍，平成 24 年 2 月発行)，Book 3, pp. 84–85.
2) 中学校用英語教科書 *One World English Course* (教育出版，平成 9 年 1 月発行)，Book 3, p. 34.
3) 高等学校用英語教科書 *New One World English Communication I* (教育出版，平成 25 年 1 月発行)，p. 102.
4) 中学校用英語教科書 *One World English Course* (教育出版，平成 24 年 1 月発行)，Book 3, p. 47.
5) 英語の疑問文には付加疑問文もありますが，発問に関するここでの議論では扱わないことにします。
6) 中学校用英語教科書 *One World English Course* (教育出版，平成 24 年 1 月発行)，Book 2, pp. 136–137.
7) 中学校用英語教科書 *New Horizon English Course* (東京書籍，平成 2 年 2 月発行)，Book 3, p. 25.
8) 中学校用英語教科書 *New Crown English Series* (三省堂，平成 24 年 2 月発行)，Book 3, p. 108.
9) Kevin Carter 自身は，ピューリッツァー賞を受賞してわずか数ヶ月後，故郷の南アフリカで，車の中に排気ガスを引き込んで自殺しています。薬物依存症であっ

たり，躁鬱病を患っていたり，以前にも自殺未遂を起こすなど，その生活ぶりはかなりすさんでいたようです。彼が自殺した原因については，少女を助けずに写真をとったことに対して非難を受けたことや，衝撃的な写真ばかりが喜ばれる風潮へ嫌気がさしたことなど，様々な臆測が提示されています。少女を助けずに写真を撮影したことを非人道的な行為と一方的に決めつけることなく，自殺の原因も含めて，Kevin Carter の行動に関して自由にブレイン・ストーミングさせてもよいと思います。なお，Kevin Carter の自殺の原因については，あくまで臆測の域を出ませんが，筆者自身は，受賞作品となった「はげわしと少女」の写真がいわば「やらせ」であったことに彼自身が悩んだか，同業者に指摘されたためではないかと思っています。「はげわしと少女」の現場には，写真には写っていませんが，まわりに大人たちもいて，必ずしも切迫した状況ではなかったことも指摘されています。おそらくそれが事実ではないかと思います。もし，周りの大人たちも含めて写真を撮れば，切迫感は伝わってきません。その切迫感を醸し出すために Carter は周りの大人たちを写真の構図から意図的に排除してしまったのではないでしょうか。それがいわば「やらせ」です。ピューリッツァー賞という権威ある賞を受賞したがために，ますますその点に自虐の念を感じたか，同業者に指摘され，それに耐えきれなくなったために自殺したのではと思っています。あくまで個人的な臆測ですが。

10) 『朝日新聞』2010 年 8 月 4 日版 13 面「論争：これでいいのだ学校英語」および『朝日新聞』2014 年 7 月 3 日版 13 面「オピニオン：大学生は英語で学べ」を参照してください。

11) Palmer は，外国語の語句の意味を学習者に伝える手段として，より具体的なものから，① 直接連合（実物や絵など），② 翻訳，③ 定義，④ 文脈の 4 つを示していますが，場合によっては ② 翻訳のほうが ① 直接連合よりも具体的な場合もあると指摘しています。

12) 「平成 26 年度英語教育実施状況調査（高等学校）の結果概要」(http://www.mext.go.jp/component/a_menu/education/detail/__icsFiles/afieldfile/2015/06/10/1358566_03.pdf，平成 27 年 6 月登録) の中の「授業における英語担当教員の英語使用状況」によると，普通科等における英語担当教員を対象とした場合，「発話をおおむね英語で行っている」教員の割合と「発話の半分以上を英語で行っている」教員の割合を合わせると，「コミュニケーション英語基礎」が 32.7%，「コミュニケーション英語 I」が 48.1%，「コミュニケーション英語 II」が 46.7%，「英語表現 I」が 41.3%，「英語表現 II」が 37.9% となっており，半数以上の教師が日々の授業で日本語を使用している実態が明らかになっています。

13) 京都大学の個別入試（英語）には，伝統的に和訳が出題されていますが，ここで紹介したように「和訳が完璧にできる生徒の英語力は高い」と信じられているためと思われます。

14) ETS が発表した 2014 年度の TOEFL (iBT) の地域別スコアーによると，フィンランドの受験者の平均は 120 点満点の 95 点で，世界 169 地域の中で上から 8 番目の好成績となっています。ちなみに，日本の受験者の平均は 70 点で，アジア 30

地域の中では下から 4 番目です。

15) ここでいう言語透明性とは筆者自身の用語で，リーディングのサブ技能が個別の言語の特性に左右される度合いが少ないことを指しています。よって，英語リーディングに必要なサブ技能の言語透明性が高いということは，そのサブ技能が日本語で培ってきたサブ技能によって代用されうることを示しています。

16) Tamai, H. et al. (2014). *English grammar for reading comprehension* (2nd Ed.). Tokyo: Asahi Press, p. 93.

17) Ibid., p. 52.

18) *The Japan News*（読売新聞），2015 年 10 月 11 日版．

19) Steinbeck, J. (1966). Paradox and dream. In *America and Americans* (pp. 29–34). London: Heinemann, p. 34.

20) ジョン・スタインベック／大前正臣訳 (2002)『アメリカとアメリカ人』東京：平凡社，p. 60.

21) *The Japan News*（読売新聞），2015 年 11 月 13 日版．

終章
英語リーディング指導のこれから

1. リーディングの再評価

　第3章のまとめのところでも言及しましたが，外国語教育界においては，伝統的に，リーディングはスピーキングやライティングと違ってどちらかと言えば受け身的な技能として見なされてきました。日本の学校での英語の授業でも，リーディングは，もっぱら英語の語彙や文法を定着させるための活動として扱われてきました。また，その延長として，定期試験や入学試験におけるリーディングの問題（いわゆる長文問題）は，受験生のリーディング力を測定するというよりは，彼らの英語の知識の質と量を判定するためのものとして存在し続けてきたとも言えます。

　今日，英語による国際化が急速に進展していく中で，自分たちとは異なる文化的・社会的背景を有する人々との英語での異文化間コミュニケーションの重要性・必要性が増大してきています。その流れを受けて，学校英語教育においてはオーラル・コミュニケーション，その中でも特に話すことの指導に力点が置かれるようになってきました。しかし，英語による国際化と同時に進行しているインターネットの普及・拡大は，インターネット上の様々なウェブサイトからの情報収集や，その一部である電子メールを通して英語テキストに触れる機会を一段と増大させています。しかも，単に触れるだけでなく，そのテキストの正確で迅速な理解が求められています。つまり，文字言語，その中でも特に書かれた英語での異文化間コミュニケーションの重要性が世界的な規模で再認識されつつあります。

　この社会的潮流は外国語教師の間でのL2リーディングに対する見方を変えつつあります。スピーキングと同様，リーディングも異文化間コミュ

ニケーションのための重要なスキルとして見なされ，そのように指導されるようになってきました。異文化間コミュニケーションのためのスキルとしてのリーディングにおいては，当然のことながら，情報の正確な授受が求められます。学習指導要領の言葉で言えば，「情報や考えなどを的確に理解」するためのリーディングが求められるわけで（文部科学省，2009, p. 110），まさに，リーディングが新しい視点から再評価されているのです。

2. リーディング能力改善の必要性

　昔から，日本人は英語は読めるが，話せない，書けないと言われて来ました。英語母語話者でも舌を巻きそうなほど難解な長文問題をこなしながらも，簡単な会話もできない大学生がその象徴でした。しかし，今日，英語能力の国際的な指標を提供してくれるテストとして定着している TOEFL における日本の受験者の成績から判断する限り，それは迷信であり，事実ではないことが分かります。次に示すのは，最近の TOEFL (iBT) の受験者のデータ (ETS, 2015) の中から，日本の受験者の成績（各技能ごとの平均と合計点）をアジア30地域の平均と世界平均と比較する形でまとめたものです[1]。

2014 年度 TOEFL (iBT) スコアー

地域	読むこと	聞くこと	話すこと	書くこと	合計
日本	18	17	17	18	70
配点	30	30	30	30	120
アジア平均 (30 地域)	18.7	19.4	20.6	20.3	79.1
世界平均 (169 地域)	20.0	19.8	20.6	20.5	81.0

　日本の受験者の技能ごとの得点を細かく見てみると，いずれの技能においても世界平均はおろか，アジア30地域の平均よりも劣っています。アジア30地域の中での順位に関して言えば，読むことと聞くことが下から4番目で，話すことと書くことは最下位という順位になっています。合計点でも下から4番目という状況です。もちろん，地域ごとにその社会的背景も異なるため，TOEFL の成績だけでそれぞれの地域の英語教育の有効性を

判断することはできませんが，ひとつの指標として参考にはなると思います。ちなみに，日本とよく比較される韓国の場合，合計点は84点で，話すことだけが世界平均とほぼ同等となっているだけで，その他の3技能に関してはいずれも世界平均を上回っています。合計点が84点ということは，韓国のTOEFLの受験者の半数以上が，北米の大学に留学する場合，日本の留学生の多くが正規の授業を受ける前に受講が義務づけられているESLコースで学んでいるのとは対照的に，そのまま正規の授業を履修できるということです。

このように，日本人英語学習者は読めるけど，話せない，書けないという言説は，TOEFLのスコアーから判断する限りでは，信用するに値しません。英語教育に従事してきた筆者たちの責任かもしれませんが，話せないし，書けないし，聞けないし，読めないと考えるほうが実情に近いようです。上で指摘したように，英語による国際化とインターネットを介しての情報化が急速に進展している今日，リーディングの再評価が進行しています。日本人学習者の英語リーディング能力を改善する必要性が日ごとに高まっていると言えます。

3. リーディング能力改善の方向性

さて，本書のまとめとして，日本人英語学習者の英語リーディング能力を改善していくための方向性を，以下3つにまとめて提示します。

第1の方向性は，本書で日本人英語学習者の英語リーディング能力改善のための処方箋として提唱しているインタラクションを基軸とした英語リーディング指導の推進です。このインタラクションには，第1章で取り上げた学習者内のインタラクション，つまり，ボトムアップ的読み方とトップダウン的読み方の連携はもちろんのこと，リーディングの対象となっているテキストおよびその書き手とのインタラクションや，リーディングの目的やテキストの種類に応じた効果的リーディング・ストラテジーの選択にも関係する，より広い意味でのインタラクションが含まれます。その広い意味でのインタラクションを基軸とした英語リーディング指導は，第1章のまとめで言及したBirch (2015) の「均衡の取れた統合的アプローチ」(balanced integrated approach) に通ずるところがありますが，個人的には拡大型

インタラクティブ・リーディング指導 (enlarged interactive reading instruction) と名付けます。

　第2の方向性は，英語リーディング教材の内容を理解するための学習者の「知的受け皿」を充実することです。高梨 (1986, p. 14) は次のように述べています。

　　テキストが読む人にとって真に"意味のある"意味を持ちうるのは，その論理が読む人の認知構造の中に納まった場合だけであることを考えれば，生徒のこのすばらしい"知的受け皿"をもっともっと活用し，その受け皿をさらに深くしなければならない。

同感です。L2リーディングの研究者の間では，長年，L2リーディング指導の範囲をL2テキストの言語的処理 (reading process) までに限定すべきか，L2テキストに含まれる内容を理解するための思考過程 (thought process) まで拡大すべきかの議論が行われてきました (Silberstein, 1987)。オーラル・アプローチの提唱者であるC. C. フリーズは，前者の立場ですが，その当時は母語リテラシーが確立されている米国への留学生が主な指導対象であったため，思考過程については学習者自身の責任に委ねられていたのです。その後，母語でのリテラシーが必ずしも確立されていない留学生や移民が急増したため，L2リーディングにおいてもリテラシーの指導が求められるようになってきました。英語を理解するだけでなく，英語で理解し，考える力も要求されるようになったのです。

　実際，英語の仕組みにいくら精通しても，英語教育を生業としてきた筆者にとって英語で書かれた医学の専門書はほぼ理解不能です。つまりテキストを理解するための内容に関する知識が不足しているというか，まったくないのです。よって，内容スキーマが成立し得ないのです。逆に，医学の専門家は，英文法の知識が若干怪しくても，内容に関する知識が英語の知識不足を補ってあまりあるほど豊富なため，英語で書かれた医学の専門書やジャーナルが読めます。つまり，単に英語の語彙や文法に関する知識をいくら高めても，読むテキストの内容に関する知識が不足していれば，英語リーディングに成功しないのです。英語リーディングに成功するためには，高梨 (1986) がその重要性を強調する「知的受け皿」を充実したもの

にする必要があります。

　第3の方向性は，以下の3種類のリーディングの理想的組み合わせを追求していくことです。1つ目は Reading for language で，語彙や文法の学習に焦点化された学習活動としてのリーディングです。中学や高校での英語授業では，今でもこの種類のリーディングが授業の基盤を形成していると思います。中学校用英語教科書には読み物教材以外に，対話教材が多く含まれていますが，この対話教材を読むこともこの中に含まれます。本来，対話教材は教室内で英語でのオーラル・コミュニケーションを生み出すために準備されているものですが，日々の教室ではその対話を読み，対話に関しての Q&A を行うという活動も実践されていると思います。

　2つ目は Reading for communication で，現行の学習指導要領が求めているコミュニケーションのためのリーディングです。教科書教材の関連資料を読み込んだり，インターネット・サイトからの情報収集，さらには，各種マニュアルを読むことなどが，このコミュニケーションのためのリーディングに含まれます。仕事上で英語を使っている社会人にとってのリーディングは主にこの範疇のリーディングになると思います。

　3つ目は Reading for pleasure で，読み手としての自律性を高めるためのリーディングです。自戒の念も込めて，日本の英語教育で一番忘れ去られているリーディングではないでしょうか。我々が追求してきたリーディングは，えてして定期試験や入学試験に出題される長文問題の設問に答えるためのリーディングになりがちだったかもしれません。長文問題に対処するためのリーディングの問題点は，試験が終了し，その必要性が無くなった途端に継続されなくなるという点です。生涯学習の重要性が叫ばれている今日，英語リーディングを社会人になっても続けていくためには，英語を読む楽しさ，および英語で読む楽しさの一端を学校英語教育の中で学習者に味わってもらう必要があります。その楽しさが伝えられるリーディング指導を目指したいと思います。

　以上，3種類のリーディングを紹介してきましたが，英語リーディング指導を改善していくための3つ目の方向性は，この3種類のリーディングの理想的組み合わせを追求していくことです。学習指導要領が Reading for communication を重視するなかで，日々の授業がその指導に傾斜していく傾向が覗えますが，学習者の英語リーディング能力を向上させていくため

には，この3種類のリーディングの適材適所を考えていくことが肝心です。

　最後に，ここで示した3つの方向性（インタラクションを基軸とした英語リーディング指導の推進と「知的受け皿」の充実，および3種類のリーディングの理想的な組み合わせの追求）に沿って英語リーディング指導を改善していく必要性を再度指摘して，本書全体のまとめとします。読者の方々からの忌憚のないご意見，ご感想をお待ちしています。

〈注〉
　1）この表は，TOEFLを実施しているETS（Educational Testing Service）がそのウェブサイトで公表している *Test and Score Data Summary for TOEFL iBT® Tests: January 2014–December 2014 Test Data*（http://www.ets.org/s/toefl/pdf/94227_unlweb.pdf）の中の地域ごと，技能ごとの得点リストを参考に作成しています。

引用文献

Aebersold, J. & Field, M. (1997). *From reader to reading teacher: Issues and strategies for second language classrooms*. Cambridge: Cambridge University Press.

Auerbach, E. (1993). Reexamining English only in the ESL classroom. *TESOL Quarterly, 27* (1), 9–32.

Baker, C. (2001). *Foundations of bilingual education and bilingualism*. (3rd Ed.). Clevedon: Multilingual Matters.

Bax, S. (2003). The end of CLT: A context approach to language teaching. *ELT Journal, 57* (3), 278–287.

Birch, B. (2015). *English L2 reading: Getting to the bottom*. (3rd Ed.). New York: Routledge.

Blundell, L. & Stokes, J. (1981). *Task listening student's book*. Cambridge: Cambridge University Press.

Bonyadi, A. (2003). Translation: Back from Siberia. *Translation Journal, 7* (3); Available http://translationjournal.net/journal/25edu.htm.

Brown, G. & Yule, G. (1983). *Discourse analysis*. Cambridge: Cambridge University Press.

Brumfit, C. (1982). Some humanistic doubts about humanistic language teaching. In British Council (Ed.), *Humanistic approaches: An empirical view* (ELT documents 113, pp. 11–19). London: Author.

Butzkamm, W. (2003). We only learn languages once. The role of the mother tongue in FL classrooms: Death of a dogma. *Language Learning Journal, 28* (1), 29–39.

Carless, D. (2007). Student use of the mother tongue in the task-based classroom. *ELT Journal, 62* (4), 331–338.

Carrell, P. (1988). Interactive text processing: Implications for ESL/second language reading classrooms. In P. Carrell, J. Devine, & D. Eskey (Eds.), *Interactive approaches to second language reading* (pp. 239–259). Cambridge, MA: Cambridge University Press.

Carrell, P., Devine, J. & Eskey, D. (Eds.), (1988). *Interactive approaches to second language reading*. Cambridge, MA: Cambridge University Press.

Carrell, P. & Eisterhold, J. (1983). Schema theory and ESL reading pedagogy. *TESOL Quarterly, 17* (4), 553–573.

Chastain, K. (1988). *Developing second-language skills: Theory and practice* (3rd Ed.). San Diego: Harcourt Brace.

Cook, V. (1999). Going beyond the native speaker in language teaching. *TESOL Quarterly, 33* (2), 185–209.

Cook, V. (2001). Using the first language in the classroom. *Canadian Modern Language Review, 57* (3), 402–423.

Copland, F. & Neokleous, G. (2011). L1 to teach L2: Complexities and contradictions. *ELT Journal, 65* (3), 270–279.

Correia, R. (2006). Encouraging critical reading in the EFL classroom. *English Teaching Forum, 44* (1), 16–19.

Council of Europe. (2001). *Common European framework of reference for languages: Learning, teaching, assessment*. Cambridge: Cambridge University Press.

de Beaugrande, R. (1980). *Text, discourse, and process: Toward a multidisciplinary science of texts*. Norwood, NJ: ABLEX Publishing Corporation.

de Beaugrande, R. & Dressler, W. (1981). *Introduction to text linguistics*, London: Longman.

Deller, S. & Rinvolucri, M. (2002). *Using the mother tongue: Making the most of the learner's language*. London: First Person Publishing /ENGLISH TEACHING Professional.

Dörneyei, Z. (2009). *The psychology of second language acquisition*. Oxford: Oxford University Press.

Doughty, C. & Williams, J. (1998). *Focus on form in classroom second language acquisition*. Cambridge: Cambridge University Press.

Eskey, D. (1988). Holding in the bottom: An interactive approach to the language problems of second language readers. In P. Carrell, J. Devine, & D. Eskey (Eds.), *Interactive approaches to second language reading* (pp. 93–100). Cambridge, MA: Cambridge University Press.

ETS (Educational Testing Service). (2015). *Test and score data summary for TOEFL iBT® Tests: January 2014–December 2014 test data*. Available at http://www.ets.org/toefl.

Firbas, J. (1974). Some aspects of the Czechoslovak approach to problems of functional sentence perspective. In F. Daneš (Ed.), *Papers on functional sentence perspective* (pp. 11–37). The Hague: Mouton.

Fries, C. (1945). *Teaching and learning English as a foreign language*. Ann Arbor: The University of Michigan Press.

Fries, C. (1970). Learning to read English as part of the Oral Approach. In T. Yambe (Ed.), *Applied linguistics and the teaching of English* (pp. 218–224). Tokyo: ELEC.

Goodman, K. (1967). Reading: A psycholinguistic guessing game. *Journal of the Reading Specialist, 6*, 126–135.

Grabe, W. (1988). Reassessing the term "interactive". In P. Carrell, J. Devine, & D. Eskey (Eds.), *Interactive approaches to second language reading* (pp. 56–70). Cambridge, MA: Cambridge University Press.

Grabe, W. (1991). Current developments in second language reading research. *TESOL Quarterly, 25* (3), 375–406.

Grabe, W. (2009). *Reading in a second language: Moving from theory to practice*. Cambridge: Cambridge University Press.

Grabe, W. (2011). Teaching and testing reading. In M. H. Long & C. J. Doughty (Eds.), *The handbook of language teaching* (pp. 441–462). Oxford: Wiley-Blackwell.

Grabe, W. & Stoller, F. L. (2002). *Teaching and researching reading*. Harlow: Pearson Education.

Halliday, M.A.K. & Hasan, R. (1976). *Cohesion in English*. London: Longman.

Harbord, J. (1992). The use of the mother tongue in the classroom. *ELT Journal, 46* (4), 350–355.

Hatch, E. (1979). Reading a second language. In M. Celce-Murcia & L. McIntosh (Eds.), *Teaching English as a second or foreign language* (pp. 129–144). Rowley, MA: Newbury House.

Hock, T. & Siew, T. (1979). A thought on reading and the communicative syllabus. *RELC Journal Supplement*, No.2, 16–21.

Holliday, A. (1994). *Appropriate methodology and social context*. Cambridge: Cambridge University Press.

Howatt, A. & Dakin, J. (1974). Language laboratory materials. In J.P.B.

Allen & S. Pit Corder (Eds.), *Techniques in applied linguistics* (pp. 93–121). London: Oxford University Press.

Ibrahim, S. (1979). Advanced reading: Teaching patterns of writing in the social sciences. In R. Mackay, B. Barkman & R. Jordan (Eds.), *Reading in a second language: Hypotheses, organization, and practice.* (pp. 187–198). Rowley, MA: Newbury House.

Ito, H. (1993). A simple but effective use of newspaper articles in advanced EFL classes. *RELC Guidelines: A Periodical Classroom Language Teachers, 15* (1), 37–49.

Ito, H. (2002). A new framework of culture teaching for teaching English as a global language. *RELC Journal, 33* (2), 36–57.

Ito, H. (2005). *A study of immersion education in Canada: Focusing on factors for its success.* Ph.D. dissertation presented to Hiroshima University.

Jacobs, G. & Farrell, T. (2001). Paradigm shift: Understanding and implementing change in second language education. *TESL-EJ, 5* (1), 1–16. Available at http://www.tesl-ej.org/wordpress/issues/volume5/ej17/ej17a1/.

Johnson, K. (1982). *Communicative syllabus design and methodology.* Oxford: Pergamon.

Kang, S. (2004). Using visual organizers to enhance EFL instruction. *ELT Journal, 58* (1), 58–67.

Koda, K. (2011). Learning to read in new writing systems. In M. H. Long & C. J. Doughty (Eds.), *The handbook of language teaching* (pp. 463–485). Oxford: Wiley-Blackwell.

Koda, K. & Zehler, A. M. (Eds.). (2008). *Learning to read across languages: Cross-linguistic relationships in first- and second-language literacy development.* New York: Routledge.

Kuhn, T. (1970). *The structure of scientific revolutions* (2nd Ed.). Chicago: University of Chicago Press.

Kumaravadivelu, B. (2001). Towards a post-method pedagogy. *TESOL Quarterly, 35* (4), 537–560.

Lado, R. (1957). *Linguistics across cultures: Applied linguistics for language teachers.* Ann Arbor: University of Michigan Press.

Li, C. N. & Thompson, S. A. (1976). Subject and topic: A new typology of language. In C. N. Li (Ed.), *Subject and topic* (pp. 457–489). New York: Academic Press.

Long, M. & Sato, C. (1983). Classroom foreigner talk discourse: forms and functions of teachers' questions. In H. Seliger & M. Long (Eds.), *Classroom oriented research in second language acquisition* (pp. 268–286). Rowley, MA: Newbury House.

López, C. C. & González-Davies, M. (2016). Switching codes in the plurilingual classroom. *ELT Journal, 70* (1), 67–77.

Mackay, R. & Mountford, A. (1979). Reading for information. In R. Mackay, B. Barkman & R. Jordan (Eds.), *Reading in a second language: Hypotheses, organization, and practice.* (pp. 106–141). Rowley, MA: Newbury House.

Mahmoud, A. (2006). Translation and foreign language reading comprehension: A neglected didactic procedure. *English Teaching Forum, 44* (4), 28–33.

McCarthy, M. (1991). *Discourse analysis for language teachers*. Cambridge: Cambridge University Press.

Mikulecky, B. (2011). *A short course in teaching reading: Practical techniques for building reading power*. White Plains, NY: Pearson Education.

Mogahed, M. (2011). To use or not to use translation in language teaching. *Translation Journal, 15* (4); Available at http://translation journal.net/journal/58education.htm.

Morikawa, M. (2009). *A study on oral reading instruction for improving speaking ability in EFL classrooms at Japanese junior high schools.* MA thesis presented to Naruto University of Education.

Nunan, D. (1999). *Second language teaching and learning*. Boston: Heinle and Heinle.

Nuttall, C. (2005). *Teaching reading skills in a foreign language* (3rd Ed.). Oxford: Macmillan Education.

Palmer, H. E. (1922, 1964). *The principles of language-study*. Oxford: Oxford University Press.

Palmer, H. E. (1924). Memorandum on the problems of English teaching in the light of a new theory. 市河三喜監修・語学教育研究所編 (1962)『英語教授法事典』(pp. 321–370) 東京：開拓社.

Pennycook, A. (1998). *English and the discourses of colonialism*. London: Routledge.
Phillipson, R. (1992). *Linguistic imperialism*. Oxford: Oxford University Press.
Richards, J. C. (2008). Growing up with TESOL. *English Teaching Forum, 46* (1), 2–11.
Richards, J. C., Platt, J. & Platt, H. (1992) *Longman dictionary of language teaching and applied linguistics*. Harlow: Longman.
Richards, J. C. & Rodgers, T. S. (2014). *Approaches and methods in language teaching* (3rd Ed.). Cambridge: Cambridge University Press.
Samuels, S. & Kamil, M. (1988). Models of the reading process. In P. Carrell, J. Devine & D. Eskey (Eds.). (1988). *Interactive approaches to second language reading* (pp. 22–36). Cambridge, MA: Cambridge University Press.
Silberstein, S. (1987). Let's take another look at reading: Twenty-five years of reading instruction. *English Teaching Forum, 25* (4), 28–35.
Smith, F. (1994). *Understanding reading* (5th Ed.). Hillsdale, NJ: Lawrence Erlbaum.
Turnbull, M. & Dailey-O'Cain, J. (Eds.). (2009). *First language use in second and foreign language learning*. Bristol: Multilingual Matters.
Widdowson, H. G. (1978). *Teaching language as communication*. Oxford: Oxford University Press.
Widdowson, H. (1979). The process and purpose of reading. In H. Widdowson (Ed.), *Explorations in applied linguistics* (pp. 171–183). New York: Cambridge University Press.
Wilkins, D. (1976). *Notional syllabuses*. Oxford: Oxford University Press.
Willis, D. & Willis, J. (2007). *Doing task-based teaching*. Oxford: Oxford University Press.
Yue Mei-yun. (1993). Cohesion and the teaching of EFL reading. *English Teaching Forum, 31* (1), 12–15.
和泉伸一 (2009)『「フォーカス・オン・フォーム」を取り入れた新しい英語教育』東京: 大修館書店.
伊東治己 (1979)「母国語使用の問題」垣田直巳編『英語教育学研究ハンドブック』(pp. 310–319) 東京: 大修館書店.
伊東治己 (1982)「英語学習入門期における COMPREHENSION APPROACH

の実験的試み」『広島大学附属中学校研究紀要』第 28 集，19–46．
伊東治己 (1989)「教材から発問を考える」築道和明編『英語授業を演出する』(pp. 29–45) 東京：明治図書．
伊東治己 (1993)「日本人英語学習者のための文法指導を考える (2) ——入門期における文型指導のすすめ」『奈良教育大学紀要』第 42 巻第 1 号（人文・社会科学）1–19．
伊東治己 (1995)「外国語学習における文型の役割再評価——定型表現に関する心理言語学的研究を踏まえて」松村幹男先生御退官記念事業会編『英語教育学研究』(pp. 110–121) 広島；渓水社．
伊東治己 (1997)「高校での英語授業を深めるための方略」『現代英語教育』（研究社）第 34 巻第 7 号，16–19．
伊東治己編著 (1999)『コミュニケーションのための 4 技能の指導——教科書の創造的な活用法を考える』東京：教育出版．
伊東治己編著 (2008)『アウトプット重視の英語授業』東京：教育出版．
伊東治己 (2010)「創造的発問で，教科書教材の定着をはかる」『英語教育』（大修館書店）第 59 巻第 1 号，30–32．
伊東治己 (2014a)『フィンランドの小学校英語教育——日本での小学校英語教科化後の姿を見据えて』東京：研究社．
伊東治己 (2014b)「コミュニケーション能力育成のための 4 技能指導：［最終回］統合型指導」『英検英語情報』109 号，34–37．
魚住忠久 (2003)『グローバル教育の新地平——「グローバル社会」から「グローバル市民社会」へ』名古屋：黎明書房．
卯城祐司（編著）(2009)『英語リーディングの科学——読めたつもりの謎を解く』東京：研究社．
門田修平・野呂忠司（編著）(2001)『英語リーディングの認知メカニズム』東京：くろしお出版．
金谷憲・高知県高校授業研究プロジェクト・チーム (2004)『高校英語教育を変える和訳先渡し授業の試み』東京：三省堂．
金谷武洋 (2002)『日本語に主語はいらない——百年の誤謬を正す』東京：講談社．
木村博是・木村友保・氏木道人（編）(2010)『リーディングとライティングの理論と実践——英語を主体的に「読む」・「書く」』東京：大修館書店．
國弘正雄 (1970)『英語の話しかた——国際英語のすすめ』東京：サイマル出版会．

佐藤臨太郎・笠原究・古賀功 (2015)『日本人学習者に合った効果的英語教授法入門――EFL環境での英語習得の理論と実践』東京: 明治図書出版.
塩川春彦 (n.d.)「フレーズ・リーディング　チャンクを意識したリーディング指導」http://www.bun-eido.co.jp/school/highEnglish/ujournal/uj68/uj680206.pdf.
白畑知彦・冨田祐一・村野井仁・若林茂則 (2009)『改訂版　英語教育用語辞典』東京: 大修館書店.
瀬川武美 (2000)『国語科教育における構造学習――コンセプトマッピング・アプローチ』東京: 明治図書出版.
ソシュール, F. de／小林英夫訳 (1940/1972)『一般言語学講義』東京: 岩波書店.
高島英幸編著 (2011)『英文法導入のための「フォーカス・オン・フォーム」アプローチ』東京: 大修館書店.
高梨庸雄 (1986)「文章構造図で読む力をつける」『英語教育』(大修館書店) 34 (12), 13–15.
高梨庸雄・高橋正夫 (1987)『英語リーディング指導の基礎』東京: 研究社.
高梨庸雄・卯城祐司 (編) (2000)『英語リーディング事典』東京: 研究社.
田中茂範・佐藤芳明・河原清志 (2003)『チャンク英文法――文ではなくてチャンクで話せ！　もっと自由に英語が使える』東京: コスモピア.
田中茂範・佐藤芳明・阿部一 (2006)『英語感覚が身につく実践的指導――コアとチャンクの活用法』東京: 大修館書店.
田中武夫・田中知聡 (2009)『英語教師のための発問テクニック――英語授業を活性化するリーディング指導』東京: 大修館書店.
谷口賢一郎 (1992)『英語のニューリーディング』東京: 大修館書店.
土屋澄男 (2004)『英語コミュニケーションの基礎を作る音読指導』東京: 研究社.
寺島隆吉・寺島美紀子 (2004)『センとマルとセンで英語が好き！に変わる本――寺島先生のTMメソッド英語上達法』東京: 中経出版.
天満美智子 (1989)『英文読解のストラテジー』東京: 大修館書店.
長沼君主・河原清志 (2004)『L (リスニング) & R (リーディング) デュアル英語トレーニング――チャンクと同時通訳の方法で英語の速解力を強化する！』東京: コスモピア.
丸山圭三郎 (1975)「言語の体系」滝田文彦編『言語・人間・文化』(pp. 31–

52) 東京: 日本放送出版協会.

三浦孝 (2014)『英語授業への人間形成的アプローチ——結び育てるコミュニケーションを教室に』東京: 研究社.

三浦孝・中嶋洋一・池岡慎 (2006)『ヒューマンな英語授業がしたい！——かかわる，つながるコミュニケーション活動をデザインする』東京: 研究社.

三上章 (1960)『象は鼻が長い』東京: くろしお出版.

宮井捷二 (1977)「FUNCTIONAL SENTENCE PERSPECTIVE (FSP) の英語および日本語の記述への応用の試み」『信州大学教養部紀要・第一部・人文科学』11, 155–169.

毛利可信 (1980)『英語の語用論』東京: 大修館書店.

文部科学省 (2008)『中学校学習指導要領解説外国語編』東京: 開隆堂出版.

文部科学省 (2009)『高等学校学習指導要領』京都: 東山書房.

山家保 (1972)『実践英語教育』東京: ELEC.

渡辺慧 (1978)『認識とパタン』東京: 岩波書店.

索　引

〔あ行〕

アクティブ・ラーニング　127, 161, 174

一般疑問文　General Questions　114, 115

異文化間コミュニケーション　179–180

意味的ネットワーク　semantic network　4, 6

インターネット　156, 157, 160, 162, 167, 179, 183

インタラクション・モデル　21, 22, 30, 36
　限定的〜　restrictive interactive models　36

英語帝国主義　136

オーディオ・リンガル・アプローチ　Audio-Lingual Approach　17, 18, 135, 136

オーラル・アプローチ　45, 94, 96, 182

音声優先主義　speech primacy　18, 45, 46, 96, 135

音読　93–108
　なりきり〜　→　なりきり音読

音読支援プリント　99–103

〔か行〕

概要（サマリー）　86

顔上げ音読　read and look up　98, 103

学習活動としてのリーディング　Reading for language　32, 33, 34, 183

学習指導要領　34, 41, 108, 113, 120, 133, 143, 145, 180, 183

格助詞「が」「は」　64, 65

拡大型インタラクティブ・リーディング指導　enlarged interactive reading instruction　181–182

基本訳　62, 148–152, 154, 164

旧情報・新情報　64–65, 67

均衡の取れた統合的アプローチ　balanced integrated approach　36, 181

國弘正雄　93, 97

クーン，トマス　22, 23, 35

結束性　cohesion　68, 69, 70, 73
　〜の類型　70–73

結束性標識　cohesive devices　71

言語活動としてのリーディング　Reading for communication　32, 33, 34, 183

言語透明性　33, 34, 147

後置修飾　50–54

国際理解（教育）　156, 157, 173

語順　62–68

5WH1H　120, 121

5文型　43, 63

コミュニカティブ・アプローチ　→ CLT

コメント（新情報，レーマ）　64–67

コロン　77–78

〔さ行〕

サブ技能（リーディングの〜）　21, 26–29, 32, 33, 34, 36

只管朗読　93, 94, 97

支持文　supporting sentences　41
辞書　169
時制　tense　71–73
自動化（ボトムアップ処理における〜）　35
社会科　173, 174
「授業は英語で」　34, 112, 113, 120, 133, 134, 136, 138, 156
主語型言語　subject-prominent language　64
主体的思考　critical thinking　110, 111
情報構造　63, 64, 66, 67
真実性　authenticity　105, 124, 159
心理言語的推測ゲーム　psycholinguistic guessing game　3, 13, 19, 20, 21
推測　guessing　4
推論　inferencing　4
スキーマ　shema　19, 20, 110, 160, 162, 163
　内容〜　182
スキミング　skimming　18, 31, 153
スキャニング　scanning　18, 31, 153
省察　reflections　166
セミコロン　77–78
センス・グループ・リーディング　100, 101
全体訳　148–152, 154
選択疑問文　Alternative Questions　114, 115
センテンス・マッピング　61–62
「センとマルとセン」　62
相　aspect　71–73
ソシュール　46

〔た行〕

多感覚アプローチ　96
多肢選択法　115

談話構造　79
談話標識　73–79, 80
地球的意識　global awareness　157–158
知的受け皿　182
チャンク　43, 44, 50, 51, 53, 54, 61
チャンク・リーディング　43
聴覚像　acoustic image　95
直接教授法　Direct Method　134, 135
直読直訳　50, 53
直読直解　12, 18, 49, 153
テキスト　39, 68
テキスト攻略スキル　Text Attack Skills　27
テキスト・マッピング，テキスト・マップ　82–86
テーマ　→　トピック　64
「点と線の英文読解法」　86
等位接続詞　54–62
特殊疑問文　Special Questions　114, 115
トピック（旧情報，テーマ，話題）　64–67
トピック・センテンス（話題文）　topic sentence　41

〔な行〕

なりきりインタビュー・テスト　125–127
なりきり音読　103–108, 122, 126, 127, 131, 133
なりきりQ&A　121–125, 126, 131, 132, 133
なりきり発問　124
なりきりライティング　107–108
認知的負荷　cognitive load　101, 103, 106, 109, 110, 124, 142

〔は行〕

パターン認識　46
発音練習　95
発語内行為　69
発問　79, 108–133
　〜の機能　116–117
　〜の使用言語　112–113
　〜の当事者　119–120
　〜のモード　114
　なりきり〜　→　なりきり発問
反転授業　142, 154
フィンランド　145
フォーカス・オン・フォーム　focus on form　110, 124, 143, 162
フォーカス・オン・フォームズ　focus on forms　142
複言語主義　Plurilingualism　138, 156
復習　155, 166
復習ノート　156
ブレイン・ストーミング　127, 128, 129, 169
文化（の枠組み）　173
文型理解　42–45
文法訳読式教授法　Grammar Translation Method　17, 18, 134, 139, 142, 153
ベルリッツ・スクール　135
母語使用　134–139
ポートフォリオ　170
翻訳　17, 134, 137, 139–142, 145–146

〔ま行〕

「見える化」　89–90
無標 / 有標　144
黙読　94

〔や行〕

訳先渡し　146, 154

〔ら行〕

理解域　comprehension span　7–10, 54
リテラシー　182
レーマ　→　コメント

〔わ行〕

話題　→　トピック
話題型言語　topic-prominent language　64, 65
話題文　→　トピック・センテンス
和訳　12, 53, 133–156, 164–166

〔欧文〕

ALT　123, 125, 126, 146
and　54–62
CLIL（Content and Language Integrated Learning）　174
CLT（Communicative Language Teaching, Communicative Approach）　17, 135, 136, 159
code-switching　137, 138
coherence（意味的な繋がり）　68, 69
cohesion（結束性，形式的な繋がり）　→　結束性
Communicative Approach（コミュニカティブ・アプローチ），Communicative Language Teaching　→　CLT
Contrastive Analysis　135
Cook　136, 137
critical reading　157
Display Questions　116–117, 118, 120, 121
eye span　7

Factual Questions 117–119, 120, 121
Grabe 24, 26, 27, 28, 29, 33, 34, 36, 174
ICT 114
Inferential Questions 117–119, 128
ing 形 47–50
Jack and Betty 173
Large C Culture, small c culture 172–173
modified cloze test 161
Newspaper Quiz 160–172
NIE (Newspapers in Education) 157
Nuttall 27, 118
Oral Method 135

Palmer, Harold E. 95, 135
Personal Questions 117–119
read and look up → 顔上げ音読
Reading for communication 183 → cf. 言語活動としてのリーディング
Reading for language 183 → cf. 学習活動としてのリーディング
Reading for pleasure 183
Referential Questions 116–117, 118
relevance (関連性) 160
retelling 86
Team Teaching 123, 125, 126
TOEFL 1, 180, 181

〈著者紹介〉

伊東　治己（いとう・はるみ）

　昭和49年北アイオワ大学大学院修士課程修了，昭和51年広島大学大学院博士課程前期修了，昭和58年レディング大学大学院修士課程修了，教育学博士（広島大学，平成17年），鳴門教育大学名誉教授。現在，関西外国語大学外国語学部教授。著書に『フィンランドの小学校英語教育』（研究社，2014），『アウトプット重視の英語授業』（教育出版，2008），『コミュニケーションのための4技能の指導』（教育出版，1999），『カナダのバイリンガル教育』（渓水社，1997）。

インタラクティブな英語(えいご)リーディングの指導(しどう)

2016年7月31日　初版発行

著　者　伊東(いとう)　治己(はるみ)
発行者　関戸　雅男
印刷所　研究社印刷株式会社

KENKYUSHA
〈検印省略〉

発行所　株式会社　研究社
　　　　http://www.kenkyusha.co.jp

〒102-8152
東京都千代田区富士見2-11-3
電話（編集）03(3288)7711(代)
　　（営業）03(3288)7777(代)
振替　00150-9-26710

© ITO Harumi, 2016
装丁：金子泰明

ISBN 978-4-327-41095-7　C 3082　　Printed in Japan